Bettina Olling

WELT – IRGENDWO ANDERS

**Die Geschichte
eines Ausnahmezustandes**

ES IST U
ES VERÄNDE
EINER SEKUN
MICH V
TAUMELN, LÄ
ATEM
STOCKEN.

AUFHALTBAR,
T ALLES IN
E, LÄSST
RZWEIFELN,
T MEINEN

ZU DIESEM BUCH

»Ich wollte doch nur eine kleine Besorgung im Elektromarkt machen und dann wieder nach Hause fahren,
die Nudeln vom Vortag aufwärmen. Stattdessen bebte vor genau einem Jahr die Erde und zerstörte meine
Welt, machte mir das Leben für lange Zeit unmöglich.«

Was ist los, im Innen und im Außen, wenn das Unfassbare passiert und in einer Sekunde die Normalität nicht
mehr existiert? Mit einer kraftvollen und bildhaften
Sprache erzählt die Ich-Erzählerin von einer Ausnahme-
welt, in die jede/r von uns – unfreiwillig – hinein geraten kann. Sie fesselt uns mit ihren Geschichten, nimmt
uns mit in diesen Taumel und hinterlässt ein verstören-
des und ungläubiges Kopfschütteln.

Bettina Olling lebt in Köln-Nippes, 1975 geboren in
einem kleinen nordniedersächsischen Flecken, studier-
te Lehramt für Sonderpädagogik in Köln und Berlin
mit dem Fach Germanistik und arbeitet in dem Kölner
Stadtteil Mülheim an einer inklusiven Grundschule.

WELT – IRGENDWO ANDERS

INHALT

PROLOG   8
INTENSIV I   11
   1 Wie es begann   11
   2 Planet Bett   13
   3 Los geht's – nicht   18
   4 Neuer Morgen I   21
   5 Atmen ist schwer   23
   6 Ground Control to Major Tom   28
   7 Von guten Mächten wunderbar geborgen   31
INTENSIV II   35
   8 Unterstützte Kommunikation   35
   9 Spieglein, Spieglein   39
  10 Ich spreche, also bin ich   40
  11 Nichts schmeckt mehr   43
  12 Unfallarztchirurgenobergott   45
  13 Werde ich jemals wieder tanzen können?   48
  14 Denke gern zurück   50
NORMALSTATION   53
  15 Normal ist anders I   53
  16 Neue Erdung   55
  17 Transportwesen   57
  18 Gemischtes Doppel I   60
  19 I´ll take care of you   62
REHA I   65
  20 Welt – Irgendwo anders I   65
  21 Kleider machen Leute   67
  22 Rollerskate   70
  23 Welt – Irgendwo anders II   72
  24 Herr Dr. Bernhard von der Tauben   74
  25 Vogel will fliegen   76

26   Oliwia, Magdalena, Frau Petermann
     und Herr Zumsande   **80**
27   Neuropsychologie   **82**
28   Oh du Fröhliche   **85**

REHA II   **89**

29   Get up, stand up   **89**
30   Zu Hause   **92**
31   Neues Gefährt   **95**
32   Normal ist anders II   **97**
33   Sonderzug   **103**
34   Gemischtes Doppel II   **105**
35   Perfect day   **107**
36   Easy rider   **109**
37   Lass uns rumfahren   **112**
38   Letzte Krankenfahrt   **114**

TAGESKLINIK   **119**

39   Neuer Morgen II   **119**
40   Rehaalltag   **122**
41   Elektronische Fußfessel   **126**
42   Erneuter Stillstand   **129**
43   Raus aus allem   **133**
44   Weiter geht's   **134**

NEUE FREIHEIT   **141**

45   Die Erde bebt   **141**
46   Oktober   **142**
47   Metallarm   **146**
48   Bauchgefühl   **148**
49   Brief an die Justiz in Köln   **151**
50   Einfach mal sitzen bleiben   **154**
51   New direction   **157**

EPILOG   **163**

Abspann   **165**

PROLOG

Ich war mir lange unschlüssig, mit welcher der vielen Episoden ich dieses Buch beginnen lassen soll: Mit dem Durchleben des ersten Jahrestages dieses schrecklichen Unfalls, mit einem meiner intensiven Träume im Koma, mit den Tagebuchaufzeichnungen meiner Schwester, mit der sedierten, surrealen Wahrnehmung beim langen Aufwachen aus dem Koma, mit meinen Reflexionen zum Leben, mit der Angst zu sterben, mit der Angst zu leben mit Einschränkungen, mit meinen Gedanken im MRT, mit der CT-gesteuerten Lungendrainage, mit der neurologischen Frührehabilitation, mit der Normalstation, mit dem Leben auf Intensiv …

Und wenn ich diese vielen, in meine Seele und meinen Körper eingebrannten Ereignisse, die nun der Vergangenheit angehören und Erzählungen sind, auf meinem langen Weg zurück ins Leben, zurück in die Normalität aufzähle, denke ich, wie um Himmels Willen konntest du das überstehen, wie hast du es geschafft, aus diesem Grauen herauszufinden und heute ein normales Leben zu führen?

Und was war mein Antrieb, diesen Teil meines Lebens aufzuschreiben? Ich habe ihn immer und immer wieder durchlebt, ihn mit nahen und betroffenen Menschen ausgetauscht, fernen und eher unbeteiligten Menschen erzählt, Puzzleteile zusammengefügt, unterschiedliche Details beleuchtet, Perspektiven eingenommen, Gedanken und Gefühle aktiviert, ich kenne ihn durch und durch ... Die erste Antwort ist: Ich möchte diesen Lebensabschnitt festhalten, er ist ein Teil von mir geworden und gehört zu mir wie die Narben an meinem Bauch, an den Hüften, am linken Arm, am Gesäß. Die zweite Antwort ist: Ich möchte mich daran erinnern, welche Stärke in mir liegt. Die dritte Antwort ist eine Liebeserklärung an meine Familie und die mir nahestehenden Menschen: Ohne euch wäre ich nicht mehr hier! Und schließlich die vierte Antwort: Ich möchte den Ärzt*innen, Pfleger*innen und Therapeut*innen sagen, wie wertvoll und großartig ihre Arbeit war und ist.

INTENSIV I

1 Wie es begann

Vor sechs Jahren lag ich zertrümmert auf dem Asphalt der Inneren Kanalstraße. Wie konnte das sein? Ich wollte doch nur eine kleine Besorgung machen, höchstens eine halbe Stunde im Elektromarkt verbringen und dann wieder nach Hause fahren, die Nudeln vom Vortag aufwärmen.

Die Tür öffnet sich. Ich liege ruhig auf einer schmalen Liege in einem kleinen Raum ohne Fenster. Durch den Türspalt fällt etwas Licht herein. Drei Pfleger und eine Pflegerin in blauer Kleidung betreten den Raum und kommen zu mir. Der Raum ist nun voll. Einer der Pfleger schaltet eine Lampe über mir ein. Es macht zweimal »pling« und eine Leuchtstoffröhre springt an. Sie leuchtet blau. Jetzt nehme ich wahr, dass es totenstill ist. Die Pfleger und die Pflegerin sehen sehr ernst und versteinert aus, einer von ihnen zieht eine Spritze auf.

Ich weiß, dass dies meine Todesspritze ist. Sie scheinen sichtlich Vorfreude zu empfinden, sie mir gleich zu verabreichen. Ich spüre, dass ich nicht aufstehen, nicht weglaufen, nicht schreien kann. Innerlich erhebe ich meine Hand und schreie ganz empört: »Das lasse ich mir nicht bieten!« Und nochmal: »Das lasse ich mir nicht bieten!« Und immer wieder: »Das lasse ich mir nicht bieten! Das lasse ich mir nicht bieten!«

Diese eigentlich surreale Erfahrung ist für mich kein Traum, sondern auch heute noch, Jahre nach dem Durchleben des akuten schweren Polytraumas, spürbare Realität. Ich kann einmal mit dem Finger schnipsen und wieder in diese Erfahrung eintauchen, ich spüre den Willen und den Kraftausdruck, mit dem ich geschrien habe. Heute bin ich mir sehr sicher, dass ich meinen »Blautraum«, wie ich ihn nenne, entweder in der tatsächlichen Gleichzeitigkeit der Situation der achtstündigen 23-mann-frau-starken Notoperation hatte, während der, wie ich heute weiß, mein Leben tatsächlich mehrmals am seidenen Faden hing oder in der Komaphase danach, in welcher ich diese Erfahrung verarbeitet habe.

Ich erinnere mich, dass ich den Traum, der kein Traum war, einige Male durchlebt habe und nicht aufgewacht bin. Bei einer meiner Operationen ein Jahr später konnte ich vor der Sedierung erfragen, ob die Lampe über dem OP-Tisch blau sei. Die Narkoseschwester – die übrigens bei der Notoperation dabei war und mich später auch auf der Intensivstation besuchte – erzählte mir, dass nicht die Lampe, sondern die Wand im OP-Saal blau gestrichen sei. Für mich ist diese Antwort ein Beweis dafür, dass ich auch während der Bewusstlosigkeit rudimentäre Wahrnehmungen hatte, sowohl Farben sehen konnte als auch die Ernsthaftigkeit der Situation spürte.

2 Planet Bett

Ich schaue auf den jungen Mann in blauer Kleidung. Er hantiert die ganze Zeit mit allerlei Dingen. Er überprüft eine Flasche mit Flüssigkeit, die über ihm hängt. Das tut er mit großem Ernst und sehr sorgfältig. Ich liege auf einem riesigen Bett, der Raum scheint aus diesem Bett zu bestehen. Es weht kalt in den Raum hinein. Ich denke, das scheint hier ein Außenraum zu sein. Eine Art kleines freistehendes Steinhaus mit nur einem Raum. Warum steht die Tür offen, frage ich mich.

»Das ist Gustav, dein Pfleger heute Abend«, erklärt mir meine Schwester Antonia. Gustav, der in Wirklichkeit einen viel schöneren Namen hat, lächelt. Sieht aus wie Tim Bendzko, höre ich Antonia leise feixen. Das stimmt, denke ich, als ich in meiner Vorstellung vage das Bild des Sängers hervorkrame und wieder in einen Halbschlaf falle. Mir ist so kalt. Noch nie in meinem Leben war mir so kalt, so durch und durch kalt! Ich fühle mich so, als würde mir nie wieder warm werden können. Ich höre die Stimme meines großen Bruders Ruben. Er spricht von einer Bauchoperation, die gut verlaufen sei. Er freut sich so darüber. Also wurde ich am Bauch operiert, komisch, warum das denn? Aber so kann ich mir zumindest erklären, warum mir so kalt ist. So unendlich kalt. Wahrscheinlich komme ich gerade aus dem OP, und OP-Räume werden offensichtlich nicht geheizt bzw. sind kühl, damit alle Körperfunktionen heruntergefahren werden, erkläre ich mir. Aber warum muss mir denn JETZT so kalt sein, das können die doch auch anders regeln, warum geben die mir nicht eine warme Decke und schließen die Tür?

Später kann ich rekonstruieren, dass mein Bauch an diesem Tag ganz verschlossen wurde. Ich erfahre, dass mein Bauch bis dahin offen war, geschützt mit einer Vakuumdecke. In mehreren Operationen wurde er langsam wieder verschlossen. Ein Gebläse regelte meine Temperatur, das war der von mir empfundene Wind, der aus meiner Perspektive von draußen kam.

Es ist kein Aufwachen wie nach einer normalen Schlafphase, sondern das langsame Absetzen des Sedativums verursacht ein surreales Szenarium mit irrationalen Visionen. Meine sedierte Wahrnehmung hat mir viele Streiche gespielt, und so fantasierte ich mich unter anderem an einen Ort mit dem Namen Winterberg in der französisch-sprachigen Schweiz. Ich weiß nicht, ob es diesen Ort gibt, aber von meinem Intensivbett aus konnte ich eine Baumkrone erkennen und es war mir eigentlich immer bitterkalt. Und so stellte ich mir eine bergige und kalte Winterlandschaft vor, in die ich hinaustreten wollte. In meiner Pflegerin erkannte ich etwas Frankophiles mit ihrer Fragilität und ihrem schwach französischen Akzent, und somit befand ich mich an einem anderen Ort als dem realen.

Erst Tage später konnte ich meine tatsächliche Umgebung in Gänze wahrnehmen. Ich hatte knapp sechs Wochen vor mir, um mein neues Zuhause ausschließlich auf dem Rücken liegend zu betrachten. Jetzt, Jahre später, würde ich gerne sagen, zu vermessen, aber das war mir in meiner Unbeweglichkeit nicht möglich, und so konnte ich nur aus dem Bett heraus beobachten, was sich tat: Ärzt*innen, die täglich mehrmals in Scharen kamen, Pfleger*innen, die mich wuschen und ständig irgendetwas austauschten, neu justierten, überprüften, eine riesige Fotowand, die meine Familie in mein kleines intensives Zimmer hineinbrachte. In den ersten Tagen konnte ich allerdings die groß kopierten Fotos gar nicht erkennen, was aber an meiner Sehschwäche lag.

Nach einer Stunde hatte meine Familie, die in den ersten Tagen fast rund um die Uhr bei mir wachte, verstanden was ich wollte: meine Brille. Meine luftröhrenschnittbedingte Sprachlosigkeit und meine nach zwei bewusstlosen Wochen muskelatrophische mit externen Beckenfixateuren verursachte Unbeweglichkeit, verhinderten jede Mimik und Gestik, ich konnte nur meinen Zeigefinger der rechten Hand bewegen, ein Umstand, welcher mir in meiner Unzulänglichkeit aber nicht bewusst war.

In meiner Wahrnehmung musste man mir doch durch mein übertriebenes Mienenspiel, so dachte ich, mein Begehren ablesen können. Ich war verzweifelt, was man mir aber nicht ansah, bis ein bebrillter Arzt das Zimmer betrat und ich durch meine Blickrichtung verstanden wurde. Und so konnte ich einen Blick auf mein früheres Leben werfen, von dem von einer Sekunde auf die nächste nichts mehr übrig war.

Aus der Perspektive meiner Familie lag ich nur da, regungslos, im Gesicht kein Ausdruck von Gefühlen erkennbar. Während ich meine neue Situation erst einmal überschauen und verstehen musste, hatten sie schon ein Martyrium von zwei Wochen hinter sich, einen quälend langen Zeitraum, in dem sie nicht wussten, wohin es mit mir gehen und was von mir noch übrig sein würde. Aber das wiederum wusste ich nicht. Sie kamen jeden

Tag freudestrahlend in mein Zimmer, lasen mir Märchen vor, stellten mir meine Musik an und erklärten mir portionsweise in meinen kurzen wachen Phasen, was mit mir passiert war. Die ersten und wichtigsten Informationen in den ersten Tagen waren: Du hattest einen schweren Unfall, an dem du überhaupt nicht schuld bist. Du wirst künstlich beatmet und kannst nicht sprechen, weil du einen Luftröhrenschnitt bekommen hast, bald kannst du aber wieder selbstständig atmen und sprechen.

Ob ich diese Informationen verstand, wusste meine Familie zu diesem Zeitpunkt nicht. Sie konnten meinen kognitiven Zustand nicht bewerten. Ich habe nicht einmal versucht Laute auszustoßen, weil ich gespürt habe, dass mir die Luft und die Kraft im Brustkorb fehlen. Und so lag ich nur da, ohne Worte für das Unsagbare. Ich sah in die erleichterten, zufriedenen und freudestrahlenden Gesichter meiner Familie und lachte zurück, strahlte aus vollem Herzen und freute mich, dass ich das Zentrum des fremden Planeten bin, auf dem wir gelandet waren. Okay, Luftröhrenschnitt, schwerer Unfall, ich habe keine Schuld, alles wird wieder gut, alles klar, verstehe …

[…] Mich hat Matteo informiert. Um 16:57 Uhr habe ich eine SMS von ihm bekommen, in der er mich bittet, ihn dringend zurückzurufen.

Ab diesem Zeitpunkt lief mein Puls auf Hochtouren und ich konnte kaum noch klar denken. Als er erzählte, du habest einen Unfall gehabt und liegest in der Uniklinik in Köln, war meine erste Frage: »Was ist denn passiert?« Ich konnte mir nicht vorstellen, dass dir etwas Lebensbedrohliches widerfahren war, weil es einfach nicht sein durfte. Als ich mehr Details über den Unfall erfuhr, dämmerte mir, dass es hier nicht um ein paar Prellungen und gegebenenfalls Knochenbrüche ging. Ich hörte dann was von Not-OP und konnte nicht mehr reagieren. Als ich fragte, ob es Sinn mache, nach Köln zu kommen, sagten die Ärzte: Ja, dein Zustand sei kritisch.

3   Los geht's – nicht

Ich wollte einfach nur aufstehen. Das war mein allergrößter Wunsch. Meine Fantasie in den ersten wachen Tagen war, dass ich mit Unterstützung ins Taxi gesetzt werde und auf meiner Couch im Wohnzimmer sitze. Zusammen mit meiner Familie wollte ich dort gemütlich warten, bis endlich die Reha losging und ich wieder laufen kann. Denn dass ich nicht laufen konnte, hatte ich schon in unzähligen Traumfragmenten, in denen es immer ums Aufstehen und Losgehen ging, gespürt. Ich konnte nicht mehr (los)gehen. Bis zum tatsächlichen erstmaligen kurzen unterstützten Stehen in der Frühreha sollten noch drei Monate vergehen, aber das wusste ich zu diesem Zeitpunkt glücklicherweise noch nicht.

Und so musste ich mich damit irgendwie zufriedengeben, dass ich zwar meine gesamte Kraft bündelte und mit weit aufgerissenem Mund überdeutlich das Wort AUFSTEHEN formte und dieses Bedürfnis wohl verstanden, aber zu meiner Verwunderung auf später verschoben wurde. Auch blieb ich mit meiner Irritation allein, dass ich seit Tagen nicht mehr auf der Toilette war. Insgesamt musste ich mich mit vielem abgeben. Ich konnte nur daliegen, nicht sprechen, mich nicht selbstständig wenden, meine Arme und Beine nicht bewegen. Und dann standen da noch zwei Ungetüme aus meinem Becken heraus. Ich konnte mir nicht erklären, wie diese beiden langen Eisenstangen dort befestigt waren. Ich hatte irgendetwas in meiner Nase stecken, das mich nervte, es piepte ununterbrochen, es brummte, das Bett bewegte sich, und an meinen Beinen drückte ständig irgendetwas. Ich gab mich damit nur zufrieden, weil mir versichert wurde, dass dies ein temporärer Zustand sei:

»Das wird alles wieder, es dauert nur«, »Dat kommt all wer« (Plattdeutsch, mein Vater), »Du wirst an dein altes Leben anknüpfen können« (meine Mutter), stellte man mir in Aussicht. Diese tröstenden Worte wollte ich jeden Tag gerne wieder hören und so wurden sie mantraartig wiederholt. Damit gab ich mich zufrieden. Vorerst.

Später klärte mich meine Familie nach und nach über meine neuen Körpermerkmale auf, die mir bei der Körperpflege durch die Pfleger*innen auffielen: Das ist die Bauchnarbe von der Bauch-OP, der Beutel an deinem Bauch ist dein künstlicher Darmausgang, der wird wieder zurückverlegt, du kannst dich nicht bewegen, weil du so lange gelegen hast, das ist so ähnlich wie bei Astronauten, wenn sie lange im All waren und ihre Muskeln nicht benutzt haben, die Stangen rechts und links an deinem Becken sind externe Fixateure, die kommen wieder weg.

Es sollte nach diesem schrecklichen Unfall vier Monate dauern bis zu meinem ersten Wochenendbesuch im Rollstuhl in meinem geliebten Nippeser Zuhause. Am Rollator konnte ich nach fünf Monaten 100 Meter mit Pausen gehen, ich war so stolz auf meinen Gehstock, den ich ein paar Wochen später bekam.

4 Neuer Morgen [1]

Ich erinnerte mich an meinen »Blautraum« ein paar Tage nach dem Aufwachen aus dem Koma, und von da an hielt mich die Angst im Griff, wegzudämmern und in diesen Traum, der kein Traum war, hineinzurutschen. Der Traum bedeutete, dem Tod ins Auge zu blicken und zu kämpfen, alle Energie zu bündeln und sich gegen ihn zu stellen. Die Allgegenwärtigkeit dieser Todeskampferfahrung, die Beatmungssituation, die Unbeweglichkeit, die Sprachlosigkeit, der fehlende Schlaf-Wach-Rhythmus, der kühle, unwirkliche Intensivraum, die Geräusche der Maschinen – all diese eher lebensunfreundlichen Bedingungen brachten mich in eine dauerhafte Stresssituation. In meinem sprachlosen Zustand konnte ich niemandem von meinen komplexen Eindrücken und Gedanken erzählen, auch nicht von der permanenten Angst, einzuschlafen und nicht wieder aufzuwachen. Ich war der festen Überzeugung, dass mich im Schlaf ein Schlaganfall ereilen und ich doch bald sterben würde. Ich erfuhr erst acht Wochen später, dass ich aufgrund von Schäden an der Halsschlagader einen lokalen Hirninfarkt erlitten hatte. Von da an hatte ich die große Angst, dass meine motorischen Einschränkungen auf der linken Seite nicht nur chirurgisch und

1 „Neuer Morgen", Blumfeld (Album „Jenseits von Jedem", 2003).

durch periphere Nervenschädigungen bedingt seien, sondern eine zentrale Ursache haben.

Es war die Hölle. Ich wollte in keine vollständige Liegeposition kommen, um das Einzige zu tun, was ich noch aktiv konnte: beobachten und Kontrolle behalten. Und so verweigerte ich in der ersten Zeit auch die Schlaf- und Beruhigungsmittel, die mir immer wieder von den Pfleger*innen ans Herz gelegt wurden, damit ich phasenweise zur Ruhe kommen konnte. Durch die notwendigen Infusionen und Schmerzmittel war es mir nicht möglich, normal zu schlafen. Und so verfiel ich immer wieder im Schutz meiner Familie in kurze tiefe Traumzustände, die für mich eine Qual waren, weil ich sie so real und intensiv wahrnahm und meine Erfahrungen von Kontrollverlust und fehlender Selbstbestimmung verstärkten. Ich erwachte völlig verstört und erschöpft aus diesen Träumen. Bis das Fentanyl, für mich der Hauptübeltäter dieser albtraumhaften Dämmerzustände, vollständig ausgeschlichen werden konnte, dauerte es allerdings noch ein halbes Jahr.

Ich fahre mit einem Militärboot auf einem sehr breiten Fluss. Das Boot fährt sehr schnell, mein Haar weht im Wind. Ich schaue zurück und betrachte mit Unbehagen die dunklen Farben in der Natur und die trostlose Landschaft. Das Dunkelgrün des Militärboots, das Grauschwarz des unruhigen Flusses. Plötzlich wird ein roter Vorhang zugezogen, hinter mir verschwindet der Fluss.

Ich sitze in einem kleinen Verhörraum einem uniformier-
ten Oberst vom KGB gegenüber. Er schaut versteinert,
zeigt keine menschliche Regung. Ich weiß nicht, was
passieren wird. Ich habe große Angst. Ich weiß, dass ich
mich auf nichts verlassen kann, einerlei was er sagen
wird, er ist doppelbödig. Ich werde abgeführt und weiß
nicht, wo es hingeht. Ich fürchte, es geht ins Folterzim-
mer des KGB, oder vielleicht doch in die Freiheit? Eine
Menschenmenge kommt mir entgegen, darunter ist T.
Sie lacht. Im Gehen ruft sie zu mir: »Komm doch mit!«
Sie trägt einen bunten Strickpullover. Ich stehe in der
grauen Menschenschlange die die entgegengesetzte Rich-
tung einschlägt. »Ich kann nicht mitkommen«, sage ich
traurig und weiß, dass ich diesen schweren, ungewissen
Weg allein aushalten muss.

5 Atmen ist schwer

Ich wusste inzwischen, dass mir ein Luftröhrenschnitt
gelegt worden war und ich künstlich beatmet wurde.
Das war auch der Grund, warum ich nicht sprechen

konnte. Die Luft entwich beim Ausatmen durch das Luftloch am Hals, und so konnte sie nicht die Stimmbänder in Schwingung versetzen, die mir geholfen hätten Laute zu bilden. Das konnte ich mir alles erklären, ich hatte genug HNO-Vorlesungen in meinem Studium gehört. Ich habe auch gar nicht versucht Laute zu bilden, weil ich gespürte habe, dass dies nicht möglich ist. Dennoch kamen in mir immer wieder Ängste auf.

Besondere Angst hatte ich vor dem regelmäßigen Absaugen. Dabei musste der Beatmungsschlauch von der Atemkanüle entfernt werden und mit einer langen, spitzen Stange wurde das Sekret entfernt. Ich fürchtete mich vor dem Moment, wenn ich von der Beatmung »ausgestöpselt« wurde. Ich hatte Angst, dass ich keine Luft mehr bekomme. Ich hatte Angst, die Pfleger*innen würden es nicht schaffen, die Beatmung wieder schnell genug anzulegen. Zudem fürchtete ich mich vor dem unangenehmen Moment, wenn die dünne Stange eingeführt wurde und kreisende Bewegungen in meiner Luftröhre machte. Nach dem Absaugen fühlte sich mein Hals immer besonders trocken an und ich wusste, dass die Schleimhäute litten. Nach einigen Tagen aber wusste ich, wie ich diese unangenehme Prozedur positiv beeinflussen konnte. Ich weitete meinen Halsbereich so ähnlich wie beim Gähnen. Durch diese Aktivität empfand ich es als Segen abgesaugt zu werden, bekam ich danach doch besser Luft und fühlte mich befreit. In dieser Situation musste ich an Dokumentationen über

Menschen mit Mukoviszidose denken, die ich gesehen hatte. Da es mir zunehmend besser ging beschlossen die Ärzt*innen, dass ich langsam an das selbstständige Atmen herangeführt werden sollte.

Ich verspürte ein großes Unbehagen, als Gustav das erste Mal den Aufsatz mit dem lustigen Namen »feuchte Nase« an den Beatmungstubus an meinen Hals anbrachte. Nun bekam ich keine Unterstützung mehr vom Beatmungsgerät und spürte, dass es mich sehr anstrengte und erschöpfte. Ich sollte nun für 20 Minuten selbstständig atmen, und er würde nach Ablauf dieser Zeit wiederkommen, erklärte mir Gustav. Ich muss meine Augen weit aufgerissen haben, denn mein Erzengel hat sofort nonverbal meine Angst verstanden, allein und ohne menschliche Unterstützung diese existenzbedrohende Herausforderung zu bewältigen. Er ermutigte mich und sagte, dass ich das gut machte. Durch die Geräte würde ich ständig überwacht und er würde sofort kommen, wenn etwas nicht in Ordnung sei. Dann legte er mir noch die Klingel in die Hand. Dadurch wurde ich etwas ruhiger. Ich schloss meine Augen und fuhr mein kognitives Management, meine Selbstbehauptungskräfte, hoch: »Du kannst atmen! Bleibe ganz ruhig, denke an was Schönes! Werde nicht panisch, atme ganz ruhig und mache dir nicht zu viele Gedanken übers Atmen, das funktioniert automatisch.« Ich schaute auf die Uhr über der Tür und schloss meine Augen, wendete meinen Blick nach innen, fantasierte mich ins Nippeser Tälchen, ging mit beschwingten Schritten in der warmen Sommerluft spazieren, atmete ein und aus und schaute auf die grünen Bäume. Ein trauriger Gedanke schlich sich ein: Werde ich jemals wieder so normal und unbeschwert gehen können? Dann rufe ich mich zurück: »Denke an etwas anderes! Borkum, Meer, ich gehe durch den Sand ...« Werde ich jemals wieder durch den Sand gehen können? Wieder ein trauriger Gedanke. Wann sind die 20 Minuten endlich zu Ende?

Ich war heilfroh, erschöpft und gleichzeitig stolz, als Gustav mich wieder an die Beatmungsmaschine anschloss. Von nun an sollten die selbstständigen Atmungszeiten täglich stetig erweitert werden, verordneten die Ärzt*innen. Ich freute mich sehr über die Zurückerlangung dieser basalen Fähigkeit. Leider bekam ich in dieser Umstellungszeit erhebliche Schüttelfrost- und Fieberschübe, sodass die selbstständige Atmung wieder ausgesetzt werden musste. Es blieb unklar, warum ich dieses starke Fieber sowie einen schlimmen Hautausschlag am ganzen Körper entwickelte. Ich selbst hielt die Fieberschübe und den extrem juckenden Ganzkörperhautausschlag für die einzige Möglichkeit meines Körpers, meiner desaströsen seelischen Dauerstressatmungssituation Ausdruck zu verleihen. Aus medizinischer Sicht war es eine allergische Reaktion auf ein Schmerzmedikament, aber aufgrund des Medikamentenmix, welchen ich seit dem Unfalltag erhielt, konnte dies zu diesem Zeitpunkt nicht genauer differenziert werden. Und so verschlechterten sich meine Situation und mein seelischer Zustand erheblich. Irgendwann weinte ich nur noch. Nichts war mehr gut, ich konnte nicht mehr liegen, ich konnte nicht auf die Seite gelagert werden wegen der externen Fixateure, ich hatte Angst um mein Leben, ich war so erschöpft von den Schüttelfrost-Fieber-Phasen, der Hautausschlag quälte mich, ich hatte unerträgliche Nervenschmerzen an meinen beiden Füßen …

Mittlerweile war es 20:30 Uhr. Es war schrecklich zu erfahren, was dir alles widerfahren war und mit welchen Verletzungen du kämpfen musst. Aber das Gespräch hatte auch etwas Tröstliches und hat uns wieder Hoffnung gegeben. Ich möchte hier nicht niederschreiben, welche Baustellen du zu bearbeiten hast, aber er sagte, es gebe drei große Probleme, die alle für sich genommen lebensbedrohlich seien. Er sagte weiterhin, dass das ganze Team so um dich gekämpft habe und dich 5x zu uns zurückgeholt hat. Dass du am Abend so stabil warst wie den ganzen Tag seit dem Unfall nicht, hat uns Hoffnung gegeben. Wir haben ihm geglaubt, dass das Team (das, wie wir im Nachhinein erfahren haben, 23 Personen umfasste) alles geben wird und um dich und mit dir kämpfen wird.

6 Ground Control to Major Tom [2]

Leider fiel in diese schlimme Phase ein wichtiger Eingriff zur Verbesserung meiner Lungenfunktion. Ich hörte von der Notwendigkeit einer CT-gesteuerten Lungendrainage, damit das restliche Blut in der Lunge – ich hatte bei dem Unfall multiple innere Verletzungen erlitten – abfließen konnte. Ich hatte keine Vorstellung von diesem Eingriff und dachte nur ungläubig, wie das denn in meinem Zustand gehen solle. Eine Ärztin und eine Pflegerin bereiteten durch allerlei Handgriffe meinen ersten Ausflug außerhalb des mir vertrauten Zimmers vor. Ich hatte ein riesen Fragezeichen auf der Stirn und eine wahnsinnige Angst, woher ich meine Luft bekommen sollte. Ich sah einen Kanister, den ich als mobiles Atmungsgerät identifizierte, und war zunächst erleichtert. Und dann sah ich von meinem Planet Bett das erste Mal die Flure der Uniklinik, ein Wirrwarr von Fluren, Fahrstühlen, herumfahrenden anderen Bettenplaneten und Menschen. Unsere Irrfahrt mit unterschiedlichen Bettenfahrstühlen dauerte in meiner Wahrnehmung sehr lange und schien kompliziert zu sein, obwohl wir immer Vorfahrt hatten, es zu keiner Kollision kam, und meine beiden Begleiterinnen mein Bett selbstbewusst

2 Aus dem Liedtext „Space Oddity", David Bowie
  (Album „Space Oddity", 1969)

schoben. Aber es fühlte sich nicht gut an, so daliegend durch dieses große, öffentlich entgrenzte Universum geschoben und angestarrt zu werden. Und ich war nach der Hälfte der Fahrt schon völlig erschöpft. Mein Glück zu diesem Zeitpunkt war meine Unwissenheit, dass der bevorstehende Eingriff drei Stunden dauern und die schlimmste Erfahrung meiner Zeit auf der Intensivstation sein sollte.

In meiner Wahrnehmung waren unglaublich viele Menschen in dem fürchterlichen, fensterlosen und stickigen radiologischen Raum. Das Einzige, was ich tun konnte war, meine Hand zu öffnen und mit meinem angstvollen Blick meinen inneren Zustand zu offenbaren. Die Pflegerinnen in der Radiologie verstanden zum großen Glück diese Geste, ergriffen meine Hand und beruhigten mich durch Ermutigungen und Aufklärung. In solchen Momenten hatte ich keine Angst mehr und fühlte mich aufgehoben. Beängstigend wurde es wieder, als es in die Röhre ging: Die aufdringliche Lautstärke der Maschine, die Isolation, die Erstickungsangst, das hohe Fieber und dann die Ansagen über Lautsprecher, den Atem anzuhalten – wie sollte das denn gehen, ich wurde doch künstlich beatmet – waren für mich eine absolut existenzbedrohende Erfahrung. Ich dachte, dass ich diese Herausforderung nicht meistern könnte und sterben würde. Mir blieb nur die Flucht ins Innere, das Fantasieren an einen anderen Ort.

Das größte Problem für die Ärzt*innen war der Umstand, dass ich aufgrund der Beckenfixateure nicht aufgesetzt und zur Seite gedreht werden konnte. Sie entschuldigten sich immer wieder bei mir und sagten, es täte ihnen so Leid mich so quälen zu müssen. Immer wieder wurde ich in die Röhre geschoben, um eine gute Position für die Drainage zu ermitteln.

In meiner Wahrnehmung waren auch die Ärzt*innen und Pfleger*innen fix und fertig nach dieser langen Prozedur. Ich glaube, alle haben erleichtert geklatscht, als es endlich vorbei war, vielleicht habe ich dies in meinem Fieberwahn aber auch nur so empfunden … Und heute erinnert nur noch eine kleine Narbe an meiner rechten Seite des Rückens an diese Höllenfahrt. Leider war der zuständige Professor nicht zufrieden mit der Drainage, da sie zu wenig Blut hinausbeförderte, und so wurde sie ein paar Tage später wieder gezogen und die Prozedur musste wiederholt werden. Zwei für mich wesentliche Umstände erleichterten mir die erneute Lungendrainage allerdings: Eine sehr taffe und coole Pflegerin begleitete mich – und ich konnte mittlerweile wieder selbstständig atmen! Und so hatte ich eine gute Ausrüstung von der Bodenstation dabei, als wir uns mit meinem Planeten ins nicht mehr ganz unbekannte Universum aufmachten: Menschliche Unterstützung und Vertrauen in meine eigene Atmung.

7 Von guten Mächten wunderbar geborgen [3]

Ich hatte in meiner Beatmungssituation mit drei grundlegenden Bedürfnissen zu kämpfen, die ich allein nicht regulieren konnte: Ich musste abgesaugt werden, ich fror, benötigte also eine wärmere Decke und ich musste gelagert werden. Gleichzeitig war ich mir der Tragödie bewusst und mich quälten die Gedanken im Alter von 40 Jahren derartige Bedürfnisse zu haben. Eigentlich sollte ich doch mitten im Leben stehen, arbeiten, gestresst sein, keine Zeit haben, meine Leistung für die Gesellschaft bringen … stattdessen liege ich nur da und sieche dahin wie ein alter Mensch kurz vor dem Tod.

Ich hatte gehört, dass in meinem niedersächsischen katholischen Heimatdorf ein Kreuz für mich getragen wurde, ein Brauch zur Unterstützung von Menschen auf der Schwelle zwischen Leben und Tod. Auch erzählte mir meine Familie, dass ich in den ersten schweren Tagen vom Seelsorger des Krankenhauses eine Stärkungssalbung erhalten hätte. An meinem Bett hing ein Schutzengel, viele Menschen hatten Kerzen für mich angezündet, das erfuhr ich erst nach und nach. Und so nährte sich durch das Herantragen christlicher Symbole in mir die Vorstellung, wie Jesus am Kreuz zu hängen.

3 Aus dem geistlichen Gedicht „Von guten Mächten", Dietrich Bonhoeffer, 1944.

Habe ich mir diesen Kreuzgang selbst auferlegt, fragte ich mich? Warum musste ausgerechnet ich in dieser Sekunde an dieser verfluchten Stelle auf der Inneren Kanalstraße stehen? Natürlich wusste ich rein kognitiv, dass ich unschuldig an dieser Tragödie war und sich »einfach nur« ein schwerer Unfall ereignet hatte. Aber trotzdem beschlichen mich Gedanken wie, was hat dieser Unfall mit mir und meinem bisherigen Leben zu tun? Was soll mir dieser Unfall zeigen? Ich wollte irgendeinen Sinn erkennen, es konnte doch nicht einfach so passiert sein.

Wozu diese Wucht? Wozu diese Verunmöglichung von Leben? Hatte ich vorher nicht intensiv genug gelebt? Hatte ich mir Wünsche vorenthalten? War ich zu sehr im Hamsterrad? War es tatsächlich notwendig so durchgeschüttelt und zertrümmert am Boden zu liegen? Hätte ich es sonst nicht verstanden? Aber das konnte nicht sein, mir ging es doch wirklich gut, ich hatte drei Wochen zuvor meinen 40. Geburtstag gefeiert, na klar, die eine oder andere Sache könnte besser und schöner sein, aber grundsätzlich war ich mit mir und meinem Leben im Reinen! Auch mit diesen Gedanken blieb ich eine sehr lange Zeit isoliert. In meinem Bedürfnis nach metaphysischen Antworten und Trost fiel mir die Textstelle aus meinem Lieblingskirchenlied meiner Kindheit ein und wurde ein wichtiger Begleiter in meiner sprachlosen Zeit: »Von guten Mächten wunderbar geborgen, erwarten wir getrost, was kommen mag, Gott ist mit uns am Abend und am Morgen, und ganz gewiss an jedem neuen Tag.« Später habe ich diese Textzeile ge-googelt, um den Verfasser zu ermittteln. Der Theologe und NS-Widerstandskämpfer Dietrich Bonhoeffer hat dieses geistliche Gedicht im Dezember des Jahres 1944 in der Gestapohaft verfasst, im Jahr 1945 wurde er hin-gerichtet.

8 Unterstützte Kommunikation

Was ist passiert, war meine erste Frage, die ich mit meiner rechten Hand in einer krakeligen, kaum zu entziffernden Schrift unkontrolliert auf einen Zettel notierte. Und so hörte ich das erste Mal Details vom Unfall. Ich hörte diese unglaubliche Geschichte von einem Wohnanhänger, der sich gelöst hatte und der mich, auf meinem Fahrrad auf einer Verkehrsinsel auf grünes Ampellicht wartend, erfasst hatte. Diese Information reichte mir zunächst, ich war also als Radfahrerin unterwegs gewesen. Und so hatte ich nicht mehr das Bild meines grünen Autowracks vor Augen. Ich hatte bis zu diesem Zeitpunkt die Vorstellung von einem Autounfall gehabt, da ich etwas von einem »Schein« an meinem Auto und von Polizist*innen gehört hatte, die draußen auf dem Flur seien. Ich hatte in meiner schlechten Verfassung kombiniert, dass die Polizist*innen mein Autowrack konfisziert hatten und es nun abholen wollten.

Diese unlogische Erklärung – warum sollte sich mein Autowrack am Krankenhaus befinden und warum wurde es nicht gleich schon nach dem Unfall beschlagnahmt – kann ich heute auf die sedierte Wahrnehmung der ersten, wachen Tage schieben. In Wirklichkeit hatte das Polizeiaufgebot mit der Kölner Oberbürgermeisterin zu tun, die Opfer von einem feigen und hinterhältigen Anschlag geworden war und in einem Nachbarzimmer lag. Der »Schein« an meinem Auto war ein schnödes Knöllchen, typisch für Köln.

Die Kommunikation, die über meine drei wichtigsten Bedürfnisse hinausging, sollte noch einige Zeit sehr mühselig bleiben. Irgendwann probierten wir die Kommunikation über ein Tablet aus. Mir war es kaum möglich, den Finger meiner rechten Hand kontrolliert und feinfühlig auf die entsprechenden Tasten des Touchscreens zu setzen und so bedurfte es viel Kombinationsleistung, um die Satzfetzen zu entschlüsseln, die durch das Worterkennungsprogramm nur sehr skeletthaft auf dem Bildschirm zu lesen waren. Ab diesem Zeitpunkt konnte meine Familie sich aber erstmals einen Eindruck von meinem kognitiven und erweiterten mentalen Zustand machen. Ein Bedürfnis schaffte ich selbst zu regulieren: »Ich möchte das Tablet haben, um mit euch zu kommunizieren!« Und so konnten wir mithilfe der Unterstützten Kommunikation bereits ein paar komplexere Gedanken austauschen – welch fundamentale Entwicklung. Wenn ich in der Nacht sehnsüchtig auf das Morgengrauen wartete, verfasste ich ein paar kurze SMS mit meinem in einer Halterung steckenden, von meinem jüngeren Bruder Torben umgebauten Smartphone. In diesen Momenten fühlte ich mich nicht so allein und von der Welt abgehängt. Es kostete mich viel Mühe eine halbwegs verständliche SMS zu verfassen. Ich wollte doch keine Wortskelette nach draußen schicken und so musste ich viel korrigieren und überarbeiten. Wenn der Morgen graute, fiel ich erschöpft in kurze Schlafphasen.

Schlimwenn man so rausgeriisen
wird<<<<1 ich weiss nichti wie oft
ich morgens
Die drainage wurde gestern non
zurück gelegt Wwr ein kleiner
Eingriff mit lokalanathi
Und heute Morgen habe ich mich
schlecht gefühlt.

Es fühltsich anwie tausend nägel,
es tut. Auch weh und das Gefühl
dass die Füße total kalt sind
Fühle mich so müde und schlapp,
vileicht zu viele medikamente
Ich würde noch nicht. Gewaschen
Fieber Heute früh habe ich es auch
bekommen die Nachtschwester
sagt immer ich soll schlafen

Ich fühle mich. Nach dem
aufwachen meide schlecht
Ist ist keine Erholung
Mein kreislauf
Kannst du da mit dem kühlen
Lappen
Das. Alleine Atmen fällt einfacher
nur schlimm der scghleim
Ich habe das Gefühl durch das
absaugen kann ich schlechter
schlicke, mein Hals ist so trocken

———————————

Wie lange habe ich geschlafen
mir geht's nach dem aufwachen
erstmal nicht gut
Vorhin war ein Pfleger da der wohl
hier war als i
ch aufwachte Erwählte wissen ob
ich mich daran
erinnere

———————————

9 Spieglein, Spieglein

Parallel zu der ganz langsamen Erweiterung meiner schriftsprachlichen Kommunikation lernte ich in immer länger währenden Phasen das Atmen ohne maschinelle Unterstützung. Irgendwann nahm ich wahr, dass mir das selbstständige Atmen leichter als das unterstützte fiel, und somit war die erste Hürde genommen – ich hatte einen Schlauch weniger. Mittlerweile machte ich wohl einen immer besseren Eindruck, und so schlug mir meine Familie vor, doch mal in den Handspiegel zu schauen, um mich endlich mal wieder selbst sehen zu können. Obwohl sie mir versicherten, dass ich im Gesicht ganz normal aussehen würde, verneinte ich diese Idee. Ich hatte Angst davor, mich zu sehen. Wenn ich an mir hinunterblickte bei der Pflege, schaute ich auf einen reißverschlussartigen getackerten Bauch vom Brust- bis zum Schambein. Die unzähligen silbernen Klammern, die meine riesige Bauchnaht zusammenhielten, erinnerten mich eher an eine Büro- als an eine Krankenhaussituation, mal ganz abgesehen von den jeweils aus meinen beiden Beckenknochen 20 cm hervorstehenden fingerdicken Eisenstangen, die garantiert aus dem Baumarkt stammten. Also lieber nicht, nein! Außerdem stellte ich mir einen rasierten Kopf vor, hatte ich doch von einer Gehirndrucksonde und einer riesigen Platzwunde an der rechten Schädelseite gehört. Auf keinen Fall wollte

ich mich sehen und durch den Anblick emotional desta-
bilisieren. Ich brauchte meine Kraft für die wesentlichen
Dinge. Aussehen war doch wohl nicht wichtig!

Und dennoch war ich froh, als mir meine Familie
trotz Widerstand den Spiegel hinhielt und ich mich das
erste Mal nach Wochen wieder selbst sehen konnte. Ich
sah tatsächlich normal aus, ich konnte mich gut erkennen, natürlich blasser und schmaler als vorher und mit
ein paar kahlen Stellen am Kopf, aber das war zweifels-
ohne ich selbst. Und ab diesem Zeitpunkt konnte meine
Familie wieder etwas mehr für mich tun: mir den Handspiegel vorhalten, damit ich mich selbst emotional aufbauen und mir ein gutes Gefühl verschaffen konnte.

10   Ich spreche, also bin ich

»Sag mal was«, forderte mich meine Pflegerin auf,
nachdem sie an meinem Hals herumgeschraubt hatte.

Ich tat, wie sie wollte – und hörte mich tatsächlich
»Hallo Heike!« sagen!

Ich war total geflashed, überglücklich und stolz. Ich konnte wieder sprechen, meine Stimme hören, eine Resonanz spüren, mich meiner selbst vergewissern. Unglaublich! Die Erfahrung wieder sprechen zu können, war für mich ein überwältigender Moment. Und so verspürte ich die unbändige Lust meinen eigenen Namen vor mich hin zu sprechen, als Heike das Zimmer verlassen hatte und ich allein war. Ich genoss es so sehr meine neu gewonnene Freiheit auszuprobieren, welch Freude, meine Stimme zu hören, zu sagen wer ich bin, immer und immer wieder. Ich bin …. Nach diesem langanhaltenden Gefühl mich selbst nicht mehr zu kennen und mich nicht mehr mit mir auszukennen, setzte ich mich nun langsam Stück für Stück wieder zusammen, mein Gesicht und meine Stimme hatte ich mir also wieder erobert. Natürlich nahm ich wahr, dass meine Stimme etwas fremd klang, sie war leiser, fragiler und höher als vor dem Unfall. Und natürlich spürte ich, dass mir das gleichzeitige Atmen und Sprechen sehr schwerfiel und mich erschöpfte. Ich atmete etwas Luft in die Brust ein und beim Ausatmen war sie schon nach zwei bis drei Worten verbraucht. Für eine Mitteilung benötigte ich mehrere Atemzüge und anschließend eine Pause, um wieder ruhig zu atmen.

Ich freute mich über die zurückgekehrte basale Fähigkeit zu sprechen, gleichzeitig befürchtete ich, dass diese Schnappatmung und der veränderte Stimmklang so bleiben würden. Mir wurde klar, dass ich alles neu lernen müsste, auch das richtige Atmen und Sprechen. Knapp vier Wochen bei vollem Bewusstsein, aber nicht sprechen zu können nach einem derartigen Ereignis bei gleicher kognitiver Leistungsfähigkeit, bei der Fähigkeit zur Selbstreflexion, bei der Fähigkeit, die Situation zu verstehen, ist ein kaum auszuhaltender Ausnahmezustand. Ich musste an die Menschen denken, die unter einem Locked-in-Syndrom leiden und konnte erahnen, wie es sich anfühlt unter Bedingungen der Isolation leben zu müssen.

Meine ersten sprachlichen Ausflüge wurden mir durch einen Sprechaufsatz ermöglicht. In den nächsten Tagen wurde die Halterung an meinem Loch am Hals entfernt und der Luftröhrenschnitt wuchs tatsächlich innerhalb eines Tages zu, ohne genäht zu werden. Wunderbar, wozu der Körper doch fähig ist. Am Ende meiner Intensivstationszeit konnte ich mit meiner neuen Kompetenz von den Pfleger*innen noch stärker in meine eigenen Belange einbezogen werden. Ich freute mich sehr und fühlte mich wertgeschätzt, wenn Phasen des Übergabegesprächs von der einen zur anderen Pflegeschicht in meinem Beisein geführt und ich nach Ergänzungen gefragt wurde. Ich fühlte mich in diesen Situationen wieder ein bisschen normaler, selbstbestimmter und auf Augenhöhe. Mit ganz einfachen Mitteln kann man so gute Gefühle vermitteln, fundamental für die Genesung.

Leider hast du weiter Blut verloren, man konnte die Blutungsstelle nicht lokalisieren. Irgendwo im Bauchraum gab es ein Problem, das unbedingt behoben werden musste. […]

In der Zwischenzeit haben sich Ruben und Torben auf den Weg gemacht. Wir haben entschieden, dass auch sie kommen. Erstens wussten wir nicht, wie sich dein Zustand weiterentwickeln würde und zweitens wollten wir alle zusammen sein, um die Situation durchzustehen. Mama und Papa und ich waren fast 24 Stunden unterwegs und bereits jetzt schon vom Schock, der Angst, der Anspannung und Traurigkeit erschöpft. Gut, dass weitere Unterstützung unterwegs war.

11 Nichts schmeckt mehr

Ich war so stolz und glücklich, als der Schlucktest der Logopädin positiv ausfiel und sie sich vergewisserte, dass der Erdbeerjoghurt, den ich als erstes Nahrungsmittel nach fünf Wochen zu mir nahm, nicht in die Luftröhre gelangte. Die nächste Hürde war genommen, das Ziehen der Magensonde stand bevor. Einerseits freute ich mich, dass nun ein weiterer Schlauch entbehrlich wurde, auf der anderen Seite hatte ich große Angst, da ich dann alle Kalorien selbstständig durch Nahrung aufnehmen musste. Es hieß, ich müsse pro Tag vier Flaschen der flüssigen hochkalorischen Astronautennahrung zu mir nehmen, um auf die notwendige Mindestkalorienanzahl zu kommen. Mir war klar, dass ich das nicht schaffen würde, konnte ich doch nicht einmal den Inhalt einer einzigen Flasche bewältigen. Zudem schmeckte die Flüssignahrung scheußlich. Die Hoffnung keimte auf, auch durch normales Essen viele Kalorien und Nährstoffe aufnehmen zu können. Und so wünschte ich mir als erstes Essen nach der fünf Wochen währenden künstlichen Ernährung mein Lieblingsessen aus der Kindheit: Fischstäbchen mit Stampfkartoffeln und Spinat. Ich war sehr enttäuscht, als ich das erste Mal davon kostete. Ich empfand das Essen gleichzeitig überwürzt und streng im Geschmack. Die Fischstäbchen schmeckten tatsächlich stark nach Fisch und der Spinat stark nach Gras. Mir wurde klar, dass meine aktuelle Geschmackserfahrung im Widerspruch zu meiner Geschmackserinnerung stand, und so konnte ich durch das Essen nicht in das Vertraute eintauchen. Ich war unendlich enttäuscht, als weitere Lieblingsessen gereicht wurden und ich nichts davon essen konnte, weil mir bereits durch den Geruch übel wurde. Dieser veränderte Geschmack und eine dauernde Übelkeit sollten mich noch bis weit nach meiner Entlassung aus der Frühreha quälen. Ich denke, sie sind Begleiter des Medikamentencocktails, des Morphins und meines künstlichen Darmausgangs, welcher erst im darauffolgenden Sommer in einer langwierigen Operation zurückverlegt werden konnte. Mein Ernährungszustand sollte noch ein Jahr ein großes Problem für mich sein. Ich wog bei meiner Entlassung aus der Uniklinik bei einer Größe von 175 cm nicht einmal mehr 50 Kilo.

12 Unfallarztchirurgenobergott

Ich wusste zuerst nicht, wer dieser interessierte, warmherzige, große, starke und aufmerksame Arzt war, der mein Intensivzimmer betrat, aber ich mochte ihn auf Anhieb, er war mir in gewisser Weise vertraut. Während er mit mir sprach, versuchte ich seinen Namen auf dem Arztkittel-Schildchen zu entziffern, ein gewöhnlicher deutscher Name mit einem britisch anmutenden

Nachnamen, ich versuchte ihn im Kopf auszusprechen, mir seinen Namen zurechtzulegen. »... Leber und Milz ... nicht mehr richtig gearbeitet ... Gefäße zur Leber gecoilt ... mit einem Draht verschlossen und ... Erguss am Lungenflügel rechts und .... die Nebenniere ... und ...« – irgendwie hat dieser nette Arzt von seinem Aussehen her auch etwas Südeuropäisches oder Nordafrikanisches, doof, dass ich meine Brille nicht aufhabe und den Namen nicht genau lesen kann, so kann ich ihn ja gar nicht direkt ansprechen ... »Halsschlagader an beiden Seiten ... gerissen ... und beide Becken gebrochen und Trümmerbruch links ... und Coiling der Beckenarterien rechts und links und ... drei Baustellen, die jede für sich schon lebensbedrohlich .... sehr kompliziert ..., so um Sie gekämpft und ... links einen sehr komplizierten Ellbogenbruch und statistisch gesehen nur 5 % überleben mit solchen ...« – vielleicht ist er mit seinen britisch-arabischen Eltern in den 70er-Jahren nach Deutschland gekommen?

Während er mich über die Verletzungen und Eingriffe an meinem Körper aufklärte, verdrängte ich das Gehörte sofort wieder. Ich dachte mir, welch ein Wahnsinn, dein Gehirn ist gerade ein totales Sieb, ich konnte den Verdrängungsprozess in Echtzeit wahrnehmen, noch während seiner Erklärungen ließ ich diese sofort fallen und beschäftigte mich lieber mit der vermeintlichen Herkunftsgeschichte des Arztes. Mir fiel auf, dass dieser äußerst nette Oberarzt immer wieder »und« sagte, es kam immer noch etwas Neues hinzu bei seinen Aufzählungen und Einordnungen. Ich spürte, dass er mich behutsam und emphatisch, aber auch klar und deutlich über meinen Zustand aufklärte. Mein ganzer Bauch- und Beckenraum war übersät mit einer Vielzahl von Baustellen, das verstand ich. Ich fragte mich in der Situation, wie ich diese Zusammenflickgeschichten so cool und unberührt aufnehmen konnte, als würde ich davon nicht betroffen sein, als wäre gar nicht ich gemeint. Wo ist das Gehörte, wo ist das Gefühl, wo ist der Schrecken? Es war sehr gut, dass ich dieses Aufklärungsgespräch mit meinem von mir sehr geschätzten Oberarztgott hatte. Interessanterweise habe ich all diese Informationen sehr wohl genau verstanden und gespeichert, da mir später Fragmente aus dem Gespräch sukzessive einfielen und so konnte ich sie in meiner eigenen Zeit und meinem eigenen Rhythmus aufgreifen und verarbeiten. Das Gehirn und mein seelischer Zustand passten sich an und nach und nach wurden portionsweise die Informationen hervorgeholt, die ich verkraften und verarbeiten konnte. Was der Körper und die Seele doch für eine großartige Leistung vollbringen, ich habe großen Respekt davor!

13 Werde ich jemals wieder tanzen können?

Meiner eigenen Unbeweglichkeit wurde ich in den bereits auf der Intensivstation beginnenden physiotherapeutischen Behandlungen bewusst. Ich spürte, dass ich aus eigener Kraft keine Bewegung mehr ausführen konnte und anfangs nicht einmal die Muskeln des unbeschadet gebliebenen rechten Arms ansteuern konnte. Während mich die Physiotherapeut*innen bereits aus meiner Komaphase kannten und mich durchbewegt hatten, sah ich jeden Tag in neue Gesichter von Menschen, die mir helfen wollten. Und so war ich sehr froh und dankbar, wenn sich meine Tür öffnete und ein Physio- oder Ergotherapeut an mein Bett trat. Mit Unterstützung der Therapeut*innen lernte ich meine Muskeln am Oberkörper anzusteuern und sie zu benutzen. Es dauerte eine Zeitlang, bis ich den rechten Arm selbstständig gegen die Schwerkraft anheben konnte. Der linke Arm benötigte viele Stunden Ergotherapie, Trainingseinheiten, Geduld und zwei weitere Operationen, um heute erfreulicherweise fast wieder voll funktionstüchtig zu sein. Aber mein rechter Arm machte mir bereits nach einigen Wochen viel Freude. So konnte ich am Ende meiner Intensivstationszeit die weiche Babyzahnbürste selbst in der Hand halten, und ein weiterer großer Schritt in Richtung Selbstbestimmung und Autonomie waren gesetzt. Aber ob ich jemals wieder richtig gehen und mich bewegen können würde, diese quälende Frage begleitete mich mehr als ein Jahr lang. Als ich von den Ärzt*innen hörte, dass ich nach meiner Rehabilitation, die sehr lange dauern würde, auf jeden Fall eine Gehhilfe benötigen würde und kein normales Gangbild mehr haben würde, brach für mich wieder eine Welt zusammen. Ich bewege mich doch so gerne, ich bin ein sportlicher Mensch, wie soll ich akzeptieren, von meinen Bewegungen her nicht mehr die Gleiche zu sein? Wird mein Antrieb gemindert sein? Was macht das seelisch mit mir, wenn ich motorische Impulse habe und diesen nicht mehr nachgehen kann? Oder werde ich keine motorischen Impulse mehr haben? – so schossen die Gedanken durch meinen Kopf. Und von da an war ich sehr traurig beim Hören treibender Musik, weil ich dachte, dass ich dazu nicht mehr tanzen kann. Als ich Odessa von Caribou hörte, musste ich weinen. Es gab so viele geliebte Songs, die ich nicht mehr hören mochte und die mich einfach nur traurig stimmten. Und heute kann ich trotz beidseitigem Beckenbruch und peripheren Nervenschädigungen wieder tanzen, es ist natürlich anders, aber ich kann wieder teilhaben und anknüpfen und das ist das Wesentliche.

Eine Intensivpflegerin erzählte mir von einem jungen Patienten, der durch einen Motorradunfall, wie ich ein schweres Polytrauma erlitten hatte und ebenfalls mit sehr schweren Verletzungen lange auf der Intensivstation lag. Sie sei sehr überrascht gewesen und habe sich gefreut, als er nach seiner Rehabilitation auf seinen eigenen Beinen in einer guten Verfassung die Station besuchte. Nach dieser Erzählung hatte ich die Fantasie, ebenfalls als Besucherin auf meinen zwei Beinen meine liebgewonnenen Pflegerinnen und Pfleger zu besuchen. Diese Vorstellung trieb mich an und motivierte mich in meinem langen Wiederherstellungsprozess. Ich denke gern zurück an die Menschen auf der Intensivstation, die mich knapp sechs Wochen gepflegt, begleitet und unterstützt haben. Ich habe großen Respekt vor ihrer Arbeit, die für mich lebensnotwendig war. Neben ihrer fachlichen Kompetenz sind sie mir und meiner Familie menschlich und würdevoll begegnet, und das war das Wichtigste für mich mit meinen fehlenden Kommunikationsmöglichkeiten. Ich fühlte mich trotz der lebensunfreundlichen Umgebung und Situation gut aufgehoben. Und so sah ich der Verlegung auf die Normalstation mit gemischten Gefühlen entgegen. Einerseits war dies der nächste Schritt nach außen, »normal«, würde ich werden, nicht mehr »intensiv«. Auf der anderen Seite war ich ja noch voll pflegebedürftig und würde sicherlich nicht, wie auf der Intensivstation, eine pro Schicht fest zugeordnete Pflegerin bekommen, die gefühlt nur für mich zuständig ist. Die Verabschiedung von den Pfleger*innen und Ärzt*innen war sehr herzlich. Sie haben großen Anteil genommen und sich für mich mitgefreut, dass es nun einen Schritt weiterging. Und so flog ich auf meinem Planet Bett durch den Betonturm auf meine nächste Station.

15   Normal ist anders I

An die Zeit auf der Normalstation erinnere ich mich nicht gerne zurück. Am Ende der zwei Wochen war ich körperlich und seelisch vollkommen herunterge-wirtschaftet, nur noch ein menschliches Wrack. Meine Familie und ich bestanden auf einer schnellstmöglichen Verlegung in die Reha. Nicht einen Tag länger hätte ich es dort ausgehalten.

Natürlich kannte ich die Thematik des Pflegenot-stands an deutschen Krankenhäusern und ich war mir auch über die geringe gesellschaftliche und wirtschaft-liche Wertschätzung gegenüber sozial-pflegerischen Be-rufen bewusst. Aber dennoch. Sicherlich kann ich aus meiner vollpflegebedürftigen Patientensicht keine Ana-lyse der Arbeitsbedingungen, Abläufe, Personalfüh-rungsstrukturen etc. abgeben, aber ich fühlte mich auf-grund von Zeitmangel und fehlender Kommunikation geringgeschätzt und unwürdig behandelt. Ich konnte

Verständnis dafür entwickeln, dass die Pfleger*innen aus Zeitgründen Patient*innen mit Blasenkatheter bevorzugen, gleichzeitig war ich aber so froh, nach sechs Wochen die Autonomie über meine Schließmuskeln zurückzubekommen. Der Verzicht auf den Katheter war für mich seelisch und körperlich ein so großer Entwicklungsschritt und damit positiv für meine Genesung. Es ging in dieser Zeit aber nicht um meine Genesung, sondern aus pflegerischer Sicht nur ums Überleben. Trotz eines hohen und körperlich anstrengenden Arbeitseinsatzes begegneten mir einige Lichtgestalten sehr menschlich-zugewandt und ohne das Gefühl zu vermitteln ich wäre eine Belastung und Zumutung. Sehr erstaunlich und irritierend für mich war die Information, dass einige eingesetzte Pfleger von einer Zeitarbeitsfirma kamen und sporadisch aushalfen. Nein, das war keine gute Zeit für mich. Und trotzdem habe ich auch hier Menschen kennengelernt, an die ich gerne zurückdenke.

16 Neue Erdung

Eine für mich große Veränderung auf der Normalstation war die neue Gestalt meines Bettplaneten. Ich lebte nun nicht mehr auf einer sich ständig bewegenden, Druckstellen verhindernden, brummenden Wechseldruckmatratze, sondern bekam eine ganz normale und harte Krankenhausmatratze als Erdung. Ich war sehr froh über diese Entwicklung, da ich durch die Festigkeit etwas Bewegungsfreiheit dazu gewonnen hatte und somit muskulär stärker stimuliert würde. Leider merkte ich bereits nach zwei Tagen, dass ich nicht mehr liegen konnte – bis auf die Knochen abgemagert ragte mein Steißbein hervor und da ich aufgrund der Beckenfixateure nur um höchstens 30 Grad gedreht werden konnte, entwickelte sich eine Druckstelle, Dekubitus im Fachjargon. Ich war doch keine 90 Jahre alt und trotzdem hatte ich Probleme und Themen wie bettlägerige Menschen in diesem Alter! Ich hatte mich so danach gesehnt, einfach nur liegen zu können, ohne Schmerzen, aber nicht einmal das ging mehr. Die Ärzt*innen verordneten zügig eine weiche Matratze für mich. Leider stand die neue Matratze noch mindestens einen Tag in meinem Zimmer, ohne dass eine Pflegeschicht die Zeit dafür gefunden hätte, mich umzubetten. Eine Nachtschwester mochte diesen Umstand nicht hinnehmen und wechselte die Matratzen mithilfe von meinem jüngeren Bruder Torben in unkomplizierter Art aus. Ich mochte diese Schwester sehr gern. Sie verstand, dass ich nach meinem schweren Polytrauma und nach knapp sechswöchiger Intensivstationszeit wie aus dem Krieg kam. Mein Körper und meine Seele waren am Boden, ich befand mich als noch junger Mensch völlig deplatziert an einem unwirklichen Ort. Die weiche Matratze erleichterte mir das Liegen, aber der Dekubitus war nun bereits Realität geworden und begleitete mich leider noch bis weit in meine Rehazeit hinein. Der Verzicht auf die wasserbettähnliche Wechseldruckmatratze und die Entfernung der Beckenfixateure ermöglichten mir am Ende der zwei Wochen das Festhalten am Gitter der rechten Bettseite. Ich konnte mich etwas auf die Seite ziehen und dadurch meine Position minimal verändern. Was für ein Trauerspiel muss mein Anblick gewesen sein, ich sehe mich – während ich dies schreibe – noch in diesem Gitterbett, ein kleines Tierchen, im OP-Hemd, mit fettigen Haaren, übersät mit Narben, neu zusammengesetzt aus zertrümmerten Knochen.

Die Anspannung allerdings wuchs von Stunde zu Stunde. Nach 3-4 Stunden kam die erlösende Nachricht, deine OP war gut verlaufen. Dein Kreislauf einigermaßen stabil und das Wichtigste, sie konnten die Blutungsstelle finden und die Blutung stoppen. […] Dein Darm war gerissen, und so haben sie einen Teil deines Enddarms entfernt und dir übergangsweise einen seitlichen Ausgang konstruiert. Diese Art von Problem haben wir in der Situation aber schnell akzeptiert und verlagert. Du lebtest, das war das Wichtigste. Du kannst dir gar nicht vorstellen, welch ausgelassene Stimmung plötzlich herrschte. Es war wie an Silvester um kurz vor Mitternacht. Wir haben alle unsere Schuhe angezogen und Jacken übergeschmissen und uns mit dem ganzen Tross auf den Weg zu dir gemacht. Wir waren soooo erleichtert und haben alle informiert, damit sie sich mit uns mitfreuen.

17 Transportwesen

Ähnlich wie in anderen Lebensbereichen ist auch der Krankenhausbetrieb durchdrungen vom Outsourcing. Nicht nur Reinigung, Sicherheit und Essen wurde von externen Firmen übernommen, sondern auch das ge-

samte Transportwesen. Für mich als bettlägerige, trau-
matisierte Patientin war dies ein emotional besonders
belastender Umstand. Die Leute, die mich mit meinem
Planeten Bett durch die Uniklinik schoben, waren sehr
nett, aber sie hatten einfach nur den Auftrag ein Bett
von A nach B zu schieben und es dort abzustellen. Und
so wurde ich von einem netten Transportmenschen
vor die Radiologie gefahren. Ich hatte keine weiteren
Informationen was passieren würde. Wie lange würde
ich warten müssen? Holte mich mein Transportmensch
wieder ab? Es fühlte sich nicht gut an, so an der Wand
abgestellt zu werden, nicht zu wissen, was und wann
etwas passieren würde, und von den vorbeikommenden, »normalen« Menschen angestarrt zu werden. Ich
spürte, wie ich wieder fieberte und mein Dekubitus
mich quälte. Ich hatte Angst vergessen zu werden –
wusste die Radiologie, dass ich hier stand? Ich konnte mich ja selbst nicht erkundigen und nachfragen. Ich
weinte in mich hinein. Es war so entwürdigend, ohne
Erklärung und Begleitung in einem Bett in diesem öffentlichen Raum zu liegen, mit Fieber und Schmerzen.
Keiner der vorbeikommenden Menschen konnte auch
nur erahnen, was in mir vorging, was ich erlebt hatte
und in welchem Zustand ich dort lag. Und ich dachte
nur, ich würde auch so gerne dort sitzen, einfach warten, wie »normale« Menschen, die ein ganz normales
Leben hatten und nach der Diagnose wieder in ihren
Alltag zurückkehren können. Ich war sehr erleichtert,

als es endlich losging und die Radiologen mich holten. Sie kannten mich ja immerhin.

Eine ähnlich unwürdige Erfahrung machte ich ein paar Monate später, als ich wegen einer erneuten OP für ein paar Tage von der Reha in die Uniklinik verlegt werden musste. Einen Tag nach meiner Operation wurde ich morgens von einer Transportfrau für mich völlig unerwartet und ungeplant abgeholt. Ich sollte sofort mitkommen, die klare Botschaft war JETZT. Da mir aber von den Pfleger*innen nichts davon gesagt worden war, war ich noch nicht im Bad gewesen und musste mich ungewaschen, mich unwohl fühlend und ohne meine Brille in den Rollstuhl setzen und los ging es wieder durch den öffentlichen Raum zur nächsten Diagnose. Warum kann man die Patient*innen nicht über die geplanten Untersuchungen und eventuell damit verbundenen Transporte informieren, zehn Minuten hätten doch ausgereicht, dass ich mich zumindest soweit darauf vorbereiten hätte können. Diese Art von Information ist so enorm wichtig für das Wohlbefinden und die Genesung der Menschen auf Station, die sich in einem Zustand der Fremdbestimmung befinden. Die Transportfrau verstand meine Empörung sehr gut und war der gleichen Meinung wie ich. Viele der Patient*innen hätten das gleiche Problem mit diesen ad hoc-Situationen, erzählte sie mir. Und da war dann wieder eine menschliche Verbindung für mich spürbar und es ging mir besser. Trotz dieser Erfahrungen war ich immer wieder beeindruckt von der komplexen Logistik der Universitätskliniken. So viele Menschen mit den unterschiedlichsten Rollen und Aufgaben arbeiten in diesen Türmen, und natürlich bin ich sehr dankbar über die für mich hervorragend gelaufene medizinische Versorgung. Viele Expert*innen sind unter einem Dach vereint und die Kommunikationsstrukturen innerhalb der mich mit meinen polymorphen Verletzungen behandelnden Ärzteteams aus meiner Perspektive professionell und qualitativ sehr gut.

18 Gemischtes Doppel I

»Ich will meinen verdammten Arm zurück« – diesen empörten Aufschrei höre ich von einer jungen Frau, während sie in ihrem Bett auf mein Zimmer geschoben wird. Nun hatte ich also eine neue Bettnachbarin. Janina hatte einen Tag zuvor ihren linken Arm bei einem Verkehrsunfall auf der Autobahn verloren, auf dem Heimweg von der Arbeit, völlig schuldlos. Auch ihr Leben innerhalb einer Sekunde nicht mehr dasselbe. Nun hatte ich eine Leidensgenossin, einen jungen Menschen in einer ähnlichen Situation. In den nächsten zwei Wochen unterstützten wir uns gegenseitig, richteten uns wieder auf, wenn einer von uns emotional wegbrach. Nach einem bemerkenswert kurzen Zeitraum war Janina wieder auf den Beinen und ich wünschte mir, in ihrer und nicht in meiner Verletzungssituation zu sein.

Auf einem gemeinsamen ersten Kaffeetreffen fast ein Jahr später – Janina erkannte mich zuerst nicht wieder, da sie mich nur liegend, in OP-Hemd und mit zerzausten Haaren gesehen hatte – dachten wir an die gemeinsame Zeit auf der Station zurück. Janina erinnerte sich an ein gemeinsames, herzhaftes, galgenhumoriges Lachen: Sie hatte wegen der unter den erschwerten Bedingungen mühevollen Haarwaschaktion laut geschimpft und ich hatte wohl ganz trocken erwidert, dass ich zwar noch beide Arme habe, aber nichts damit machen könne. In Erinnerung an diese Situation mussten wir im Café abermals laut lachen. Wir beide waren voneinander sehr beeindruckt. Ich von ihrer willensstarken, optimistisch in die Zukunft blickenden, an die neue Situation angepassten Art und sie von meiner körperlichen Wiederherstellung und positiven Ausstrahlung.

19 I´ll take care of you [4]

Hin und wieder fragte ich mich, wie es vollpflegebe-
dürftige Menschen in einem Krankenhaus ohne Unterstützung durch Familie und Freunde aushalten können.
Meine Familie regulierte nicht nur meinen emotionalen
Zustand, sondern entwickelte auch ein großes pflegeri-
sches Know-how in dieser Zeit. Und so musste ich nicht
mehr nach den Pfleger*innen klingeln, wenn mich mein
Dekubitus nach einer halben Stunde plagte und ich umgelagert werden musste. Sie legten mir ein kaltes Tuch
auf die Stirn, wenn ich wieder hohes Fieber bekam, sie
ermöglichten mir meine Kommunikation nach draußen,
sie lasen mir vor, sie trösteten mich, wenn ich verzweifelte, sie wuschen mir meine Haare, sie wärmten meine
Füße, sie lasen mir die unzähligen Briefe, Karten und
guten Wünsche vor, sie packten die vielen Pakete vor
meinen Augen aus, sie spielten meine Wunschlieder
auf der Gitarre, sie dekorierten meinen Bettplatz, sie
besorgten sofort die Lebensmittel, auf die ich vermeintlich Appetit hatte und noch vieles mehr. Eine weitere
Hürde wurde in der Zeit auf der Normalstation genommen: Die Entfernung der externen Beckenfixateure, ein
Ereignis, auf welches ich so lange sehnsüchtig gewartet

4 Aus dem Liedtext „Take Care", Beach House
(Album „Teen Dream", 2010).

hatte. Als die Ärztin den Schraubenzieher, der auf jeden Fall aus einem Baumarkt stammte, an die aus meinem Becken stakende Eisenstange anlegte und anfing mit großer Kraft zu drehen, nahm ich ein etwas quietschendes Geräusch wahr und spürte die Vibration in meinen Knochen. Ein wenig aus der Wunde austretendes Blut zeigte, dass es sich um menschliche Knochen und Strukturen handelte und nicht etwa um sehr hartes Tropenholz, was hier bearbeitet wurde.

Gerne erinnere ich mich heute an das überwältigende Gefühl, als mich meine Eltern das erste Mal mit meinem Planeten nach draußen vor die Kliniktür schoben. Ich hatte das Gefühl vor Glück zu taumeln und mir wurde richtig schwindelig, so unfassbar und unwirklich nahm ich diese für mich neue Erfahrung wahr. Es war der erste schöne Ausflug nach zwei Monaten im Krankenhauszimmer.

20 Welt – Irgendwo anders I

Definitiv: Die Welt war irgendwo anders. Beim Blick aus dem schmalen Fenster des Krankentransportwagens auf dem Weg von der Uniklinik zur Rehaeinrichtung kann ich sie nur bruchstückhaft in liegender Position und unter Tränen sehen, aber erleben und spüren kann ich sie nicht. Ich bin nicht mehr Teil der normalen Welt, sondern blicke aus einer völlig hilflosen und abhängigen Perspektive auf sie. Ich kann mich nicht mehr zu ihr hinbewegen, nur daliegen. Für sehr lange Zeit würde mein Wunsch, allein durch die Tür meines Zimmers zu treten und den unüberbrückbaren Graben von meinem Bett bis zur Tür zu überwinden, meine allergrößte Sehnsucht sein. Diese verzweifelte Sehnsucht kann ich auch heute noch spüren und mich im Wissen um den erfahrenen Verlust von Selbstverständlichkeiten und Normalität über alltägliches Tun und Denken erfreuen. Nichts ist mehr selbstverständlich, wenn man alles verloren hat.

Im Gegensatz zu meiner Unterbringung auf der Normalstation war mein neues Zuhause in der Frühreha viel heller, freundlicher und menschlicher. Die aufnehmende Ärztin hatte sich viel Zeit genommen für das Erstgespräch und ich fühlte mich respektiert und gesehen. Leider erfuhr ich in den ersten Tagen von meinem Hirninfarkt, den ich erlitten hatte und welcher neben meinen peripheren Nervenschädigungen meine Unterbringung in einer neurologischen Reha rechtfertigte. Diese Information und der neurologische Kontext, in dem ich mich wiederfand, verstärkten meine Angst die motorischen Ausfälle auf der linken Seite könnten schlaganfallbedingt sein und meine Schaltzentrale im Gehirn Schaden genommen haben, eine für mich kaum zu ertragende Vorstellung von kognitivem Kontrollverlust. Mit großer Wucht traf mich die Information, dass ich aufgrund meines beidseitigen Beckenbruchs noch gut sechs Wochen nicht würde aufstehen dürfen. Wir errechneten den 7. Januar 2016 als Tag, an dem ich das erste Mal versuchen dürfte zu stehen und mein Becken entsprechend zu belasten, genau drei Monate nach meiner Zerstörung auf der Inneren Kanalstraße durch eine führerlose Höllenmaschine. Die Vorstellung bis zum Frühling in der stationären Frühreha bleiben zu müssen und danach in eine Tagesklinik entlassen werden zu können, hielt die Ärztin für nicht unrealistisch und so hatte ich einen zeitlichen Rahmen vor Augen – und auch ein Ziel! Von meinen Leidensgenoss*innen auf Station erfuhr ich später ihre Aufenthaltsdauer, die sich auf teilweise knapp einem Jahr belief.

21 Kleider machen Leute

Eine für mich riesige und auch sehr positive Wandlung in der Reha war das Tragen meiner eigenen Kleidung, auch wenn ich natürlich für viele Monate ausschließlich Jogginghosen und weite T-Shirts anziehen konnte. Ich fühlte mich wie erneuert durch das Abstreifen des OP-Hemdes, welches ich aus praktischen Zeitgründen noch immer trug. Und so setzte ich mich weiter zusammen, eroberte wieder ein Ministück meines Selbst und erblickte nun im Handspiegel meinen Kopf in meinem eigenen T-Shirt. Wunderbar! Auch wenn ich in meiner Trainingskluft anfangs nur liegen konnte und ergo-physio-logopädisch im Bett behandelt wurde, fühlte es sich für mich trotzdem an wie meine neue Arbeitskleidung, und das war wesentlich für mein Wohlbefinden. Ein besonders tolles Geschenk von Antonia war der weiche Strickponcho, dieses schöne Kleidungsstück konnte ich mir nach ein paar Wochen aus eigener Kraft selbstständig überstreifen – ein großartiges Gefühl von Autonomie.

Das Gegenteil von Autonomie war mein Unvermögen, mich durch eigene Kraft im Bett zu drehen. Ich konnte meine Beine noch immer kaum bewegen und meine rechte Armkraft reichte zunächst nur aus, mich in dem Gitterbett auf die rechte Seite zu ziehen. Nachts musste ich mehrmals klingeln, um von den Pfleger*innen umgelagert zu werden oder auf die Bettpfanne zu gelangen. Ich konnte kaum eine Position finden, die mir Erleichterung brachte, da die fehlenden Muskeln und das fehlende Körperfett an jeder Aufliegestelle einen unerträglichen Druck verursachten. Es war nie gemütlich, und nur während meines unterbrochenen Schlafs konnte ich für einige Momente diesen Zustand vergessen. Ich hatte den Wunsch zu schweben, nicht den druckverursachenden Grund zu berühren und gleichzeitig löste diese Vorstellung eine unbändige Wut auf den Unfallverursacher in mir aus.

Die neue Woche startete wie jeden Morgen mit einem Anruf gegen 8 Uhr auf 1D, um zu erfragen wie es dir in der Nacht ergangen war. Die momentane Situation ist meinem Zwangsverhalten eher zuträglich, wie du dir sicherlich vorstellen kannst. Seit der ersten

Nacht steuere ich sowohl im Erdgeschoss der Uniklinik, als auch in Etage 1 immer dieselbe Toilette an, trete in bestimmten Abschnitten nur auf ausgewählte Fliesen und trage seit dem ersten Morgen (Tag 2) immer deine schöne rote Regenjacke bei mir. An dem Tag hat es nämlich geregnet und ich habe sie mir übergeschmissen.

Eine fundamental neue Errungenschaft war das Sitzen, ein paar Minuten an der Bettkante, solange dies mein Kreislauf zuließ. Die Atemübungen mit der Logopädin im Sitzen, um wieder zu lernen Luft tiefer in den Bauch zu atmen, waren für mich Couchpotato sehr erschöpfende Großaktionen, auf die ich – wenn sie gelangen – sehr stolz war, weil mich meine verbliebene Rumpfkraft aufrechthielt. Es brauchte noch ein paar Wochen, bis meine Atmung sich normalisierte und ich wieder meinen normalen Stimmklang und Prosodie im Zusammenhang mit meiner motorischen Entwicklung im Oberkörper aufgebaut hatte. Die regelmäßigen Musiktherapiestunden mit Matteo und mein Wunsch, nach meiner Entlassung recht bald wieder in meinem Chor mitsingen zu können, waren der Motor, auch mit meinem dünnen Stimmchen zu Matteos mir sehr vertrautem Gitarrenspiel zu singen und mein Zwerchfell zu fordern. Bereits auf der Intensivstation begannen wir mit diesen schönen musikalischen Einheiten.

22 Rollerskate

Ich erinnere mich heute noch sehr genau an die Situation, als ich meinen für mich zuständigen sympathischen und kompetenten Physiotherapeuten Peer kennenlernte. So viele meiner Hoffnungen und auch Ängste steckten in der physiotherapeutischen Behandlung. Ich wusste, dass die Physiotherapiestunden der Schlüssel zur Zurückerlangung meiner Mobilität und somit auch meiner Autonomie und Selbstbestimmung waren und so war ich dankbar und froh über jede Minute dieser kostbaren Zeit. Als Peer das erste Mal einen Rollstuhl in mein Zimmerchen schob, war ich einerseits stolz und froh, dass er mir das Sitzen darin zutraute, andererseits hatte ich keine Vorstellung davon, wie ich dort hineingelangen sollte, war ich doch noch weit davon entfernt, meine muskel- und kraftlosen dünnen Beinchen zu bewegen oder irgendeine mithelfende Bewegung ausführen zu können. Es war eigentlich nur ein kleiner Spalt zwischen meinem Bett und dem wuchtigen, den Kopf stützenden und in eine Liegeposition verstellbaren Pflegerolli, aber ich kraftloser, alter Mensch empfand dieses Hindernis als einen nicht zu überwindenden tiefen Graben. Und so äußerte ich ein großes Unbehagen und die Frage, ob er mich denn halten könne. Peer versicherte mir, dass ich ein Fliegengewicht und dank der Schoßtechnik der Transfer in den Rolli kein Problem sei. Ich sollte einfach nichts machen und mich entspannen. Und so verließ ich nach vielen Wochen das erste Mal meinen Planeten.

Was für ein Gefühl, außerhalb des Bettes zu sitzen! Was für ein Gefühl, das erste Mal im Sitzen zu essen! Was für ein Gefühl, das erste Mal wieder eine Jacke zu tragen! Das erste Mal sitzend mit einem fahrenden Rolluntersatz in Bewegung zu sein! Was für ein Gefühl, durch die Tür geschoben zu werden und zu sehen, was sich dahinter verbirgt! Was für ein Gefühl, draußen zu sein und frische Luft zu atmen! Was für ein Gefühl, andere Menschen zu sehen!

Ich war zwar äußerst überwältigt, konnte aber all dies kaum genießen, weil mir einfach nur übel und schwindelig war, meinem Kreislauf hatte dieser erste Ausflug gar nicht gefallen. Und so war ich völlig erschöpft und froh, als es zurück in mein Zimmerchen ging und ich wieder auf meinem Planeten war. Und abermals musste ich gemischte Gefühle verarbeiten: Wie gut fühlt sich diese Entgrenzung und Erweiterung meiner Möglichkeiten und Handlungsspielräume an, und Wahnsinn, wie anstrengend und erschöpfend Sitzen, Bewegung und die Wahrnehmung und Verarbeitung der unzähligen visuellen, akustischen, haptischen und flüchtigen Eindrücke in der Welt da draußen sind. Hoffentlich bleibt das nicht so! In meinem Pflegerolli erinnerte ich ein bisschen an Stephen Hawkings.

Nach und nach fiel mir das Sitzen leichter und ich konnte auch mal für einen etwas längeren Zeitraum in der aufgerichteten Position aushalten. Täglich schoben mich meine Familie und Freund*innen nach draußen, um meine Vitamin D-Produktion anzuregen und meinen Gemütszustand zu verbessern. Und ich genoss die Ausflüge in den kleinen Rehapark, auch wenn ich ihn bald in- und auswendig kennen sollte. Einige Zeit später entschied Peer, den Pflegerolli gegen einen wendigeren Rollstuhl auszutauschen, um meine Rumpfkraft noch stärker zu fordern. Und so bekam ich einen Rolli, mit dem ich mich durch meine Armkraft auch selbst fortbewegen konnte. Zunehmend entwickelte ich dadurch meine Armmuskulatur und bald konnte ich selbstständig die Zimmertür öffnen und hinausfahren, ein wahnsinnig großer Schritt Richtung Selbstbestimmung, und für mich mit einem sehr guten Gefühl verbunden, konnte ich nun mein Bedürfnis nach Gesellschaft oder Rückzug ins Zimmer selber regulieren.

Auf meiner ersten selbstständigen Rollstuhltour in den Aufenthaltsraum nach drei Wochen der Rehabilitation im Bett begegnete ich zum ersten Mal meinen Mitpatient*innen auf der Station, zumindest jenen, die ihr Bett verlassen konnten. Mir schlug eine unfassbare Tristesse entgegen. Wie konnte es auch anders sein in einer neurologischen Frühreha. Ich stieß auf Patient*innen wie mich, die ebenfalls innerhalb einer Sekunde ihres normalen Lebens beraubt worden waren durch Schlaganfälle, Hirnblutungen, Hirntumore und weiteren zentralen Erkrankungen oder Unfällen. Zum ersten Mal sah ich in andere verzweifelte und traurige Gesichter, die meisten umgeben von einer depressiven Aura. Bei meinem ersten Frühstück außerhalb meines kleinen Krankenzimmers konnte ich kaum die Tränen zurückhalten. Ich sah den langen Tisch, die Menschen vorwiegend im Alter jenseits der 60 in ihren Rollstühlen, die wortlos und mit leeren Blicken dort saßen, mein Tablett mit unglaublich langweiligem und trockenem Weißbrot und Plastikverpackungen mit Marmelade, Butter und Honig vollgestellt und denke ungläubig, dass ich nicht weiter unten am Boden und außerhalb der Normalität sein kann. Der schlecht eingestellte Radiosender SWR2 knirpselte rauschend indifferenten Mainstreambrei. Weiter am Boden wartete nur noch der Tod, dem ich wie durch ein Wunder und dank der guten Choreografie der Ärzt*innen an Tag 1 und 2 von der Schippe gesprungen war.

In den nächsten Tagen schwänzte ich die Mahlzeiten im Aufenthaltsraum und bevorzugte, wie in den Wochen zuvor, die Mahlzeiten in meinem Bett im Beisein meiner Familie einzunehmen. Aber bald zog es mich wieder aus meinem Mikrokosmos heraus – glücklich und stolz, durch meinen Rollstuhl an Autonomie

dazugewonnen zu haben. Und so begab ich mich Stück
für Stück wieder unter meinesgleichen!

> […] Matteo hat alle Tage gemeinsam mit uns
> über dich gewacht. Wir haben dir abwechselnd
> Märchen vorgelesen. Matteo war dran mit Hänsel
> und Gretel. Er hat ziemlich lange gebraucht, es
> aber tapfer durchgezogen. Darüber haben wir
> uns gemeinsam amüsiert.

24 Herr Dr. Bernhard von der Tauben

»Ich wähnte, Sie seien geflüchtet!« Ich freute mich sehr
über diesen philosophischen Satz von meinem ältli-
chen Sitznachbarn Herrn Dr. Bernhard von der Tauben,
einem vornehmen Mitpatienten, mit welchem er mich
nach einigen Tagen des Aufenthaltsraumfernbleibens
begrüßte. Anfangs dachte ich, er sei ein Besucher, weil
er laufen und ich keine Anzeichen von schlaganfall-
bedingter Asymmetrie erkennen konnte. Voller Neid

schauten wir Rollifahrer ihm nach, wenn er seinen Platz verließ und ohne Hilfe ganz selbstbestimmt in sein Zimmer ging. Ich antwortete ihm, dass ich das liebend gerne tun würde, es aber gleichzeitig eine Flucht vor mir selbst und meinem eigenen Vorankommen und aus diesem Grund leider keine Alternative für mich sei. Später erkannte ich an Herrn Dr. Bernhard von der Tauben sich verstärkende Anzeichen einer Orientierungslosigkeit, die durch eine Hirnblutung ausgelöst oder eine Begleiterscheinung derselben ist.

In der kargen Krankenhausästhetik gab es nicht viel zu sehen und zu erleben und so beobachtete ich gerne meinen adelig anmutenden, im gleichen Boot sitzenden Leidensgenossen, der mit seinen guten Tischmanieren, seinem grünkarierten britisch-feinen Landlordzwirn und seiner »Oldschool-Sprache« hervorstach. Inmitten von joggingklamottentragenden Menschen, die meist nur eine funktionierende Hand zum Essen zur Verfügung hatten und ihren Rolli überwiegend rückwärts mit einem Fuß von der Stelle bewegten, die reine Augenweide. Und so gab es neben all der Tristesse auch Begebenheiten, die mich zum Schmunzeln brachten und die mich rührten, wenn ich nach monatelanger Reha mithilfe meines Rollators mit meiner Mutter und dem promovierten Geschichtswissenschaftler Herrn Dr. Bernhard von der Tauben einen kleinen Spaziergang im winzigen Park machte, er sich bei uns unterhakte und ich mich mit meinen dünnen Beinchen auf einen kleinen Hügel kämpfte. Sein Manifest am Gipfel der Minianhöhe: »Man muss auch mal andere Wege gehen!«, fand ich ziemlich stark und lässig, und wir drei konnten uns kaum noch halten vor Lachen über die Absurdität der Situation. Zurück in der Reha lud er meine Mutter und mich zu einem kleinen Vortrag über eine Burg ein. Es stellte sich tatsächlich heraus, dass er einem verarmten thüringischen Adel entstammt und Burgvogt ist. In Phasen von Verwirrtheit kam es leider vor, dass dieser feine Mann einen altmodischen karierten Morgenmantel über seinem Anzug trug und diesen Stilbruch jedoch nicht modisch bewusst herbeigeführt hatte.

25 Vogel will fliegen

Wie für die meisten meiner Leidensgenoss*innen fühlten sich die Wochenenden in der Reha auch für mich wie Stillstand an. Obwohl schichtweise die meiste Zeit jemand von meiner Familie oder Freund*innen da waren und mit mir spazieren fuhren, mir etwas vorlasen, wir uns unterhielten, mir etwas auf der Gitarre vorspielten, mir Tee kochten und sogar etwas Tischtennis mit mir spielten – durch meine sitzende Position war ich natürlich etwas im Nachteil – empfand ich die Physiotherapiepausen als verlorene Zeit, in denen ich nicht weiter kam. Vor dem Unfall hatte ich nie darüber nachgedacht, dass ich mich jemals über jeden Montag der Woche freuen würde.

Aber auch der Samstag brachte eine für mich neue Erfahrung: Das erste Mal nach zwölf Wochen sollte es nun unter die Dusche gehen. Ich hatte keine Vorstellung davon, wie die zierliche, total warmherzige Pflegerin das bewerkstelligen wollte. Eine herbeigerufene weitere Pflegerin unterstützte den Transfer auf den für mich knöchernen Wesen fürchterlich unbequemen, harten, rollenden Duschstuhl. Bis zum Ende meiner Rollstuhlzeit hatte ich bei jedem Transfer aufgrund der für die Pfleger*innen rückenunfreundlichen Belastung ein schlechtes Gewissen. Man versicherte mir aber wiederholt, dass ich aufgrund meines Körpergewichts ein sehr leichter Fall sei und ich mir deshalb keine Gedanken machen solle. Und so ging es ins Bad und unter die Dusche. Vorher erhaschte ich aber noch einen Blick in den großen, tiefer hängenden rollifahrergerechten Spiegel und erblickte mich das erste Mal fast in Gänze.

War ich wirklich dieser kranke kleine Vogel mit dem zerrupften Gefieder, ein dünnes Gerippe mit künstlichem Darmausgang und Riesenbauchnaht? Wie konnte das passieren? Das war doch nicht ich? Würde ich jemals wieder meinen Körper zurückbekommen? Würde ich mich jemals an den neuen Anblick gewöhnen? Würde ich wieder schwimmen gehen oder in die Sauna gehen können? Würde ich jemals wieder einfach nur sitzen können, ohne einen starken Druck zu spüren und das Gefühl zu haben, ich müsste mich hinlegen?

Die Pflegerin spürte meine Verzweiflung und ich konnte meinen Tränen freien Lauf lassen. Sie tröstete mich und versicherte mir, dass ich trotzdem noch einen schönen Körper hätte und wieder zunehmen würde. Diese Zuwendung und das Frischegefühl nach dem Duschen taten mir sehr gut. Mit ihrer Unterstützung konnte ich das erste Mal wieder meine Haare föhnen. Erschöpft, aber auch wie neugeboren fühlte ich mich, als ich endlich wieder auf meinem Bett saß.

Leider ließ ich in den nächsten Monaten noch viele Federn, sodass mein Gefieder stark ausdünnte. Ich entwickelte eine heftige Aversion gegen die Haarwäsche, da mir meine Haare dabei büschelweise ausfielen und ich mir vorstellte, ich hätte Krebs und müsste mich einer Chemotherapie unterziehen. Wann hörte dieser Spuk endlich auf? Was sollte denn noch kommen? Ich war doch schon am Boden. Das Negativthema Haare sollte mich noch Monate begleiten und ich litt sehr darunter. Überall fanden sich Haare von mir, an der Kleidung, im Bett, auf dem Fußboden. Der Hausmeister musste regelmäßig kommen und den Waschbeckenabfluss von meinen langen Haaren befreien.

Der kleine, tägliche Tod auf Raten auf meinem Kopf belastete mich emotional extrem stark. Mir machte dieser Kontrollverlust große Sorgen. Ich wusste, dass das Ausfallen meiner Haare bedingt war durch das Gesamtpaket von emotionalem und körperlichem Stress, schlechter Ernährung und Medikamenten im Überfluss. Aber an all diesen Negativumständen konnte ich kaum etwas ändern. Das Einzige was mir blieb, war diese Situation zu akzeptieren und über einen Kurzhaarschnitt nachzudenken. Die hinzugezogene Hautärztin bestätigte mir, dass solch ein starker, diffuser Haarausfall nicht unüblich ist nach einem schweren Polytrauma. Ich war beruhigt, dass sie keinen kreisrunden Haarausfall diagnostizierte.

> […] Du kannst dir gar nicht vorstellen, wie viele Menschen an dich denken und so viel positive Energie senden. Es haben alle ständig nach dir gefragt und waren verzweifelt und am Weinen, weil sie so große Angst um dich hatten. Und trotzdem haben eigentlich alle daran geglaubt, dass du es schaffen wirst, weil du ein sehr ehrgeiziger Mensch bist und so viel Kraft hast […].

26 Oliwia, Magdalena, Frau Petermann und Herr Zumsande

Bereits in der ersten Nacht hörte ich eine Frau weinen, es hörte sich nach totaler Verzweiflung an, es dauerte immer sehr lange bis es aufhörte. Oliwia weinte in jeder Nacht, manchmal auch tagsüber. Nach einiger Zeit sah ich Oliwia das erste Mal im Aufenthaltsraum in ihrem Pflegerolli, eine junge Frau von nicht einmal 30 Jahren, verheiratet, zwei Kinder. Oliwia hatte vor Monaten eine Hirnblutung erlitten und war auf allen Ebenen äußerst schwer betroffen. Ich konnte zunächst bei den von Pfleger*innen begleiteten Essenssituationen nicht einschätzen, ob sie sprechen konnte. Umso mehr freute ich mich, als sie flüsternd sprach, auch wenn es sie wohl sehr anstrengte. Später wurde Oliwia für ein paar Tage meine Zimmernachbarin.

Auch mit Magdalena teilte ich mir ein paar Tage das Zimmer. Ich freute mich, als ich sie zum ersten Mal im Aufenthaltsraum sah, weil sie im ähnlichen Alter wie ich war. Es stellte sich aber heraus, dass ich mich mit ihr nicht unterhalten konnte, sie hatte ihre Sprache durch einen Gehirntumor verloren und konnte sich nur mäßig in ihrer Muttersprache Polnisch verständigen. Später erfuhr ich, dass Magdalena nach ihrer Entlassung aus der Reha in ein Hospiz gebracht worden war. Diese Information traf mich Monate später schwer in meinem Heim-Supermarkt in Nippes.

Auch Frau Petermann und Herr Zumsande waren motorisch sehr stark durch einen Schlaganfall betroffen und eingeschränkt, aber ich konnte mich mit ihnen unterhalten, auch wenn die Unterhaltungen meist um den eigenen Schicksalsschlag kreisten, die Trauer über das verlorene, normale Leben und die Angst und Sorge, wie die Zukunft mit Behinderung aussehen würde. Herr Zumsande hatte sein Haus bereits verkaufen müssen und sich über eine Unterbringung in einem Altenheim Gedanken gemacht. Bis zu seinem schweren Schlaganfall stand Herr Zumsande noch fest im Leben, ging seiner Arbeit nach und jettete berufsbedingt durch die Weltgeschichte. Ich fand, dass er für das Leben in einem Seniorenheim a. viel zu jung sei und b. es auch überhaupt nicht zu ihm passte. Wir unterhielten uns über die Möglichkeiten alternativer Wohnformen, leider konnte Herr Zumsande dies nicht realisieren. Frau Petermann hatte wenig Hoffnung irgendwann wieder laufen und ihren linken Arm benutzen zu können. Sie war traurig und verzweifelt, weil sie nun als Hausfrau ihren Haushalt nicht mehr führen konnte. Auf ihren Wochenendbesuchen zu Hause schlief sie im Wohnzimmer auf der Couch, da sie die Treppen ins höher gelegene Schlafzimmer nicht bewältigen konnte.

Ich lebte nun in einer anderen Welt als zuvor. Nachts träumte ich, dass ich einen Schlaganfall habe, mein Mund schief hinge und ich nicht mehr sprechen könne. Fürchterlich! Und meine Angst, meine Ausfälle auf der linken Seite könnten durch den Mediainfarkt herrühren, flammte immer wieder auf.

27 Neuropsychologie

Mein klassischer Rehatag setzte sich aus drei bis fünf therapeutischen Einheiten mit Zwischenzeiten zusammen, in denen ich mich auf meinem Bett erholen und schlafen musste. Je mehr physiotherapeutische Anwendungen auf meinem Wochenplan standen, desto zufriedener war ich. Die logopädische Behandlung konnte ich nach einigen Wochen abschließen, da sich meine Atmung normalisiert hatte. Mit meiner Mobilisierung im Rollstuhl begann für mich auch die neuropsychologische Diagnostik. Bei der Überprüfung von Aufmerksamkeit, Konzentration, Gedächtnis, Visuomotorik und Gesichtsfeld wurden glücklicherweise keine gravierenden Probleme festgestellt, die meisten Werte befanden sich noch im Durchschnitt. Ich selbst und auch meine Familie und Freund*innen hatten nicht das Gefühl, dass meine Konzentration und Kognition Schaden davongetragen hatten, aber ich merkte, dass ich in meinen Reaktionen deutlich verzögert war – kein Wunder, wenn man wochenlang ans Bett gefesselt ist, starke Schlafmittel für ein paar Stunden Schlaf braucht, Morphium und andere Medikamente bekommt und dauererschöpft ist. Die Verbesserung meiner Reaktionsgeschwindigkeit und die Optimierung von Gedächtnisleistungen wurden als Ziele für die neuropsychologische Therapie festgelegt. Die neuropsychologischen Therapien entpuppten sich als lästige, total demotivierende PC-Trainings, bei denen man bescheuerte Herzchen sammeln, Ufos abknallen, nach dem tausendsten Mal bereits zu erwartenden aber eigentlich plötzlich hereinfallenden Verkehrshindernissen ausweichen musste. Ich entwickelte eine starke Aversion gegen diese langweiligen und ermüdenden Bildschirmsettings, die leider von der x-fachen Wiederholung lebten.

Wo war ich hier gelandet? Das konnte doch nicht deren Ernst sein! Mit den anderen Patient*innen konnte ich aber herrlich über die Neuropsychologie lästern. Bis heute verstehe ich den großen Stellenwert der Neuropsychologie in den Rehaeinrichtungen im Verhältnis zur Psychotherapie nicht. Es gab keine psychotherapeutische Versorgung in der Frühreha, eine für mich sehr irritierende Erfahrung, befinden sich doch alle Patient*innen und Angehörige in einem existenzverändernden Ausnahmezustand. Aus meiner Perspektive benötigen die Menschen psychotherapeutische Begleitung, das

Äußern von Ängsten und Sorgen, die emotionale Stabilisierung durch Gespräche ist entscheidend. Die Crux ist zudem, dass man aufgrund seiner stationären Unterbringung von der Krankenkasse keine Kostenübernahme für das selbstständige Einholen von Psychotherapiestunden erhält.

Insgesamt war ich allerdings sehr zufrieden mit der physio-ergo-logopädischen Versorgung und der Therapieorganisation, leider verschlechtern sich die Bedingungen auch in dieser sozialmedizinischen Einrichtung aus Kostengründen stetig, wie ich bei meinem Besuch ein Jahr später hörte.

Meine Reaktionsgeschwindigkeit und Gedächtnisleistungen haben sich aufgrund meiner zunehmenden Mobilität und den damit verbundenen Wahrnehmungsanforderungen durch Gespräche und Interaktion, durch das Tischtennisspiel, durch die Musiktherapie mit Matteo, den Computerspielen, dem Herabsetzen meiner Medikation und dem verbesserten Schlaf normalisiert.

Neben der CT-gesteuerten Diagnostik während meiner Intensivstationszeit gab es auch in der Frühreha eine extrem unangenehme Überprüfung der Nervenleitgeschwindigkeit, die ich mit ambivalenten Gefühlen herbeigesehnt hatte, sollte ich dadurch doch Aufschluss bekommen über den Zustand meiner lädierten Nerven am Bein.

28 Oh du Fröhliche

Meine Familie war selig, hatte sie sich doch während meiner Komazeit sehnlichst gewünscht, zusammen mit mir Weihnachten in der Reha zu feiern. Diese schöne Wunschvorstellung sollte nun tatsächlich in Erfüllung gehen. Als ich von ihrem Wunsch hörte, bekam ich ein weiteres Puzzleteil ihrer gemeinsam durchlebten Ängste, Hoffnungen und Gedanken geschenkt: Am 2. Weihnachtstag überreichte mir meine Schwester ihr Tagebuch mit vielen einzelnen Puzzleteilen. Sie hatte, um die schlimme Ungewissheit emotional ertragen zu können, bereits am 3. Tag nach dem Unfall damit begonnen dieses Tagebuch für mich zu führen mit der festen Vorstellung, dass wieder alles gut würde, ich aufwachen und es dann würde lesen können. Das Tagebuch beginnt mit Tag 1, mit der ihr fast den Boden unter den Füßen wegziehenden Unfallnachricht, dem hastigen und völlig aufgelösten Packen der Tasche, der verzweifelten Zugfahrt, der desorientierten, überfordernden S-Bahn-Suche zur Uniklinik, den hilfsbereiten Kölner*innen, der netten Frau in der Bahn, die ihr anbot, sie mit dem Auto zur Uniklinik zu bringen, das schreckliche, perspektivlose Telefonat mit der Ärztin, das Zusammenbrechen auf den Stufen vor der Uniklinik, das Eintreffen der anderen Angehörigen und der gemeinsame Schock, das erste, hoffnungsfrohe Gespräch mit dem Oberarzt, der erste verstörende Besuch auf der Intensivstation, die Übelkeit beim Betreten meiner Wohnung, die Traurigkeit beim Anblick der Nudeln auf dem Herd, die zwei Stunden Schlaf, das schreckliche Erwachen. Ich konnte das Foto-Tagebuch erst einige Wochen später aufschlagen, zu viel Angst hatte ich vor dem Inhalt. Und beim Lesen bekam ich eine Ahnung davon, welche Dramen sich in meinen zwei bewusstlosen Wochen zugetragen hatten, auf gar keinen Fall hätte ich mit ihr tauschen wollen.

An Heiligabend, als wir uns alle bei Würstchen und Kartoffelsalat meiner Mutter an dem kleinen Tisch in der von meiner Familie mit einem trashigen Plastikbaum und diversen Illuminationen dekorierten Zimmer zwängten und wir Weihnachtslieder und Beatlessongs zur Gitarre von Matteo sangen, waren wir alle sehr froh, aber auch nachdenklich, erschöpft und uns einig, dass wir im nächsten Jahr wieder »ganz normal« feiern wollten.

Am 1. Weihnachtstag erinnerte ich mich plötzlich wieder an meinen Blautraum. Ich erzählte meiner Familie davon. Sie lauschten meinen Worten sehr genau und waren sichtlich ergriffen von meiner Erzählung. Von nun an erinnerten sie mich an meinen Ausruf: »Das lasse ich mir nicht bieten«, wenn ich emotional wegbrach und keine Kraft mehr hatte.

Am 2. Weihnachtstag hatten wir noch etwas Besonderes geplant: Wir wollten im nahegelegenen Brauhaus essen gehen. Mir ging es an diesem Tag nicht gut, ich fühlte mich sehr erschöpft und kraftlos und konnte kaum im Rollstuhl sitzen. Trotzdem wollte ich dieses schöne Vorhaben in die Tat umsetzen. Leider konnte ich das Weihnachtsessen nicht genießen, ich hatte einfach keinen Appetit und musste mich schnell wieder hinlegen.

Silvester verschlief ich, ich wachte nur kurz um Mitternacht von den Blitzen des Feuerwerks auf, die in das Krankenzimmer hineinfielen. Das Frühstück am 1. Januar war ein Trauerspiel. Außer mir war niemand im Aufenthaltsraum, die »fitten« und somit transportfähigen Patient*innen konnten die Reha verlassen, ich mit meinem beidseitigen Beckenbruch und der Ellbogenfraktur am linken Arm konnte das noch nicht. Das Frühstück war noch trister als gewöhnlich, neben den diversen Döschen mit Tabletten und Pulvern auf meinem Plastiktablett schlug mir ein kleiner Schokoladenglücksschornsteinfeger ins Gesicht, was für ein Auftakt ins neue Jahr!

REHA II

29   Get up, stand up

Je näher der lang ersehnte Tag, der 7. Januar, rückte, desto mehr Angst verspürte ich. An diesem Tag waren genau drei Monate nach dem schrecklichen Unfall verstrichen und ich durfte das erste Mal wieder mein Becken belasten. Was tun, wenn sich herausstellen sollte, dass das nichts mehr wird mit dem Laufen? Werde ich diesen Zustand aushalten können oder depressiv werden, mich aufgeben, keine Kraft mehr haben, resignieren vor der Zukunft? Und wie sollte das überhaupt gehen mit einem gelähmten Fuß? Und was war mit dem linken Bein, das ich noch nicht gegen die Schwerkraft anheben konnte?

Mit Unterstützung von einem mir noch nicht bekannten Physio konnte ich nach drei Monaten das erste Mal wieder aufstehen. Ich hatte also wieder festen Boden unter den Füßen, auch wenn ich das Gegenteil von Festigkeit spürte. Ich war ein Strich in der Landschaft, der jederzeit einknicken oder umfallen konnte. Ein bisschen genießen konnte ich meine neue Position aber trotzdem, der nächste Schritt war getan, ich verfügte offensichtlich über ausreichend Körperspannung, auch wenn es mich sehr anstrengte. Und mein Kreislauf schien diese neue Aufrichtung auch nicht zu stören – immerhin! Die nachfolgenden Übungen zur Belastung des einen oder anderen Beins waren für mich eine Qual. Was war mit der linken Seite los? Und was war mit der rechten? Ich hatte einfach nur Angst mich nicht auf meinen Beinen halten zu können. Ich merkte, dass ich aus eigener Kraft kein Gleichgewicht wahren konnte.

Als der Physio mich aufforderte einen Fuß nach vorne zu setzen, war ich bereits maßlos überfordert. Ohne die entsprechende Becken- und Beinmuskulatur funktionierte diese einfache Bewegung nicht mehr. Ich konnte die Last, mein eigenes Leichtgewicht, nicht mehr auf einem Bein halten. Während die rechte Seite kräftiger war und ich diese etwas besser belasten konnte, war der linke Fuß wegen der Parese ein Problem. Ich verspürte eine große Angst bei der Belastung des linken Beckens, es konnte mich nicht halten und ich knickte mit der Hüfte weg. Ein schlimmes Gefühl. Bis ich meine linke Beckenmuskulatur wieder so aufgebaut hatte, dass ich mein Becken halten konnte und nicht einknickte, sollten noch neun Monate vergehen, bis zu meiner Entlassung aus der Tagesklinik. Dieses schlimme Wegbrechen an der linken Seite belastete mich sehr stark und verfinsterte meine Stimmung bei jedem Schritt den ich tat. Ich beobachtete monatelang die »normalen« Menschen beim Gehen, fokussierte ihre ruhigen und gleichmäßigen Beckenbewegungen, ihre Fußhebung und verspürte eine große Traurigkeit.

Ich kann nicht sagen, dass ich nach dieser ersten Physioeinheit im Stand erleichtert, froh und glücklich war wieder zu stehen. Ich hatte einfach nur Angst, dass ich nicht mehr würde richtig laufen können, es fühlte sich gar nicht gut an.

Aber ein großer weiterer Schritt in meine Selbstständigkeit war dennoch getan. Ich durfte von nun an den Transfer in den Rollstuhl selbstständig machen, das erste Mal nach drei Monaten auf Toilette gehen, keine Bettpfanne mehr. Was für ein riesiger Autonomieschub! Ich war nun nahezu unabhängig von den Pfleger*innen, ich konnte mich nun selbst duschen, anziehen, im Aufenthaltsraum am Tisch aufstehen und eine entferntere Wasserflache nehmen, sie sogar öffnen. Beim Transfer musste ich nur sehr gut aufpassen, dass ich den linken Arm nicht zu sehr belastete. Ich spürte die traurigen Augen der Rollifahrer auf mir ruhen, die so gerne auch aufgestanden wären!

Mit dem Anruf am heutigen Morgen auf der Intensivstation war eine große Freude verbunden. Heute Nacht gegen 2 Uhr hast du

deine Augen zum ersten Mal wieder geöffnet.
Welch Freude wir empfanden. Und da wir nun
sehr sicher waren, dass wir dich in irgendeiner
Weise zurückbekommen würden, wurde dieser
Tag als dein neuer Geburtstag gewählt. Von
nun an wollen wir diesen Tag jedes Jahr feiern
und uns freuen, dass du so stark bist und tapfer
gekämpft hast, um zu uns zurückzukommen,
den 16. Oktober!

30 Zu Hause

Wenn ich heute das Foto-Tagebuch öffne und auf Woche 14 schaue, erblicke ich mich im Rollstuhl, dick eingepackt in bunten Farben, geschoben von glücklichen
Gesichtern, inmitten von blauer Januarluft. Ich erinnere
mich genau an meinen ersten Ausflug nach Hause.

Welch Freude, den Rucksack zu packen für meinen Wochenendtrip. Die Tabletten, Pulver, Blutver-
dünnungsspritzen, Stomabeutel- und platten, Astronautennahrung etc. versuchte ich zu ignorieren, als sie

mir gereicht wurden und ich sie in meiner Tasche verschwinden ließ.

Auch wenn der Ausnahmezustand weiterhin an
mir klebte, konnte ich zumindest das erste Mal den
stationären Mikrokosmos verlassen, wieder ein wenig
die normale Welt sehen und beobachten, auch wenn ich
noch Lichtjahre davon entfernt war, in sie einzutauchen.
Ich fühlte mich so autonom und frei, als meine Schwester das Auto vorfuhr und ich mich aus dem Rollstuhl
ohne Hilfe auf den Beifahrersitz transferieren konnte.

Mit dem Auto das erste Mal nach Hause gefahren
werden war eine mich überwältigende Mobilität und
Freiheit. Das Sitzen auf dem Beifahrersitz während der
Fahrt auf der Autobahn war sehr beschwerlich und he-
rausfordernd, musste ich mich doch ohne ausreichende
Muskelkraft im Rumpf und an den Beinen aufrechthal-
ten und Tempodrosselungen, Bremsen, Anfahren und
Kurven ausgleichen. Und so war ich dankbar für den
Griff an der rechten Seite. Als ich bei gerader, ruhiger
Fahrt entspannen konnte, warf ich einen Blick ins Innere der vorbeiziehenden Autos und dachte, dass ich aus
der Perspektive der Autofahrer*innen eine ganz normale Beifahrerin bin, man mir meinen Ausnahmezustand
nicht ansieht. Ich genoss diese fantasierte Normalität im
Blick des anderen sehr und fühlte mich für einen Augenblick das erste Mal wieder normal.

Und dann fuhren wir auf der Zoobrücke über den
Rhein. Ich liebe den Blick auf die Mülheimer Brücke, für

mich hätte dieser Fahrtabschnitt ewig dauern können. Als wir in Nippes einfuhren, beobachtete ich das samstägliche, rege Treiben und wünschte mir für mich, dass ich darin irgendwann wieder mit einem normalen Gefühl eintauchen könnte, ohne vollkommen durchdrungen zu sein von meinem Unfall, den ich nicht verursacht hatte, der mein komplettes Leben bestimmte und mich noch sehr lange vollkommen im Griff halten sollte.

Es waren ein paar wirklich schöne Stunden, auch wenn ich mich häufig ausruhen musste und sehr erschöpft war. Und während ich auf meinem Bett ruhte und in den weichen vertrauten Stoff meiner Bettwäsche einsank, genoss ich das Hörspiel aus der Küche, ein wohliges Stimmengewirr durchsetzt von regem Geschepper und Geklapper, die nächste Mahlzeit wurde vorbereitet.

Als ich abends wieder mein Zimmer in der Reha bezog, stellte ich mir vor, auf Montage zu sein. Von Montag bis Freitag wollte ich nun in der Reha malochen und am Wochenende zu Hause entspannen.

31 Neues Gefährt

Auch wenn der Rollator mich an meinen rasanten Alterungsprozess erinnerte und ich mich fortbewegte wie ein Mensch, der mindestens doppelt so alt war als es in der Geburtsurkunde verzeichnet ist, so war ich sehr froh über mein neues Gefährt. Ich konnte mich wieder aufrecht fortbewegen, wenn auch nur sehr langsam, unsicher und mit vielen Pausen. Ich nahm die Blicke von denjenigen wahr, die sich in ihren Rollstühlen rückwärts mit einem Bein fortbewegten und spürte eine große Traurigkeit in ihren Blicken. Wie gerne würden auch sie die Möglichkeit bekommen, an einem Rollator zu gehen. Ich kannte diesen Wunsch sehr gut, ich hatte ihn seit Beginn meiner Rehazeit. Bei meinem ersten Ausflug im Rolli sah ich einen jungen Mann, der den Flur langsam an einem Rollator auf und ab ging und das Laufen übte. Ich war ganz durchdrungen von dem Wunsch, dies auch zu können. Aber während dieser junge Mann, zweifacher Vater, aufgrund eines Hirnschlags und den damit verbundenen zentralen Schädigungen unter anderem seines Gleichgewichtssinns auch ein paar Monate später noch am Rollator ging, konnte ich die Frühreha mit einem Gehstock verlassen.

Und nun hatte ich noch meinen Rollator und fühlte mich so wahnsinnig unabhängig, als ich mich für meinen ersten Ausflug nach draußen in den Rehapark vorbereitete, ganz allein zog ich meinen dicken grünen Anorak an, setzte meine rote Strickmütze auf, streifte die dicken Fäustlinge über und ging den Flur entlang in den Aufzug. Ich trat in die morgendliche Winterluft und fühlte mich für einen Augenblick so wunderbar.

Und so konnte ich das darauffolgende Wochenende mit meinem Rollator zum Auto gehen, mich auf den Beifahrersitz transferieren, das alte Kassettentape mit meiner Lieblingsmusik anstellen, über den Rhein sausen und mit ganz vielen Drehungen im Kopf etwas froher in die Zukunft blicken.

Nachts, wenn mich dunkle Gedanken beschlichen, griff ich nach meinem Smartphone und betrachtete das kurze Video, welches mich gehend an der Hand von Antonia auf dem Bürgersteig zeigt, ganz langsam, schwankend, nach Gleichgewicht ringend, mit viel Mühe, gleichzeitig präsent in die Kamera blickend, kämpfend und optimistisch. Immer und immer wieder spielte ich dieses Video ab, schaute mich an, betrachtete mich von außen, sah mich so, wie die anderen Menschen mich sahen, so unnormal sah ich gar nicht aus, das Video hatte eine beruhigende und normalisierende Wirkung auf mich und trug mich durch die unzähligen, fürchterlichen und schlaflosen Nächte.

In der ersten Zeit konnte ich es kaum übers Herz bringen Fotos und Videos von mir zu betrachten, die vor dem Unfall entstanden waren, zu traurig war das Sehen des Verlusts von Normalität und Alltag. Die Ärzt*innen und Pfleger*innen der ersten bettlägerigen Wochen legten mir aber gerade dieses nah, insbesondere sollte ich mich gehend betrachten, um dadurch möglicherweise entsprechende Hirnareale zu stimulieren, auch wenn ich die dazugehörigen Muskeln noch nicht aktiv ansteuern konnte. Und so schaute ich mir das erste Mal auf der Normalstation das – kurz vor meinem Unfall – aufgenommene Video an, welches mich beim Tischtennisspielen im Nippeser Tälchen zeigt. Unerträglich!

32 Normal ist anders II

Ich sah der herannahenden, geplanten erneuten OP meines linken Armes mit sehr gemischten Gefühlen entgegen. Eigentlich wollte ich die Reha und das Training meiner Becken- und Beinmuskulatur ungern unterbrechen, mein Arm, den ich aufgrund einer nach einem Polytrauma nicht unüblichen Verknöcherung der Bruchstelle kaum beugen konnte, interessierte mich nicht besonders. Ich wollte laufen, das hatte für mich Priorität. Die Operation war aber notwendig und natürlich für mich mit einer Verbesserung meiner Beweglichkeit verbunden. Ich konnte den linken Arm noch kaum benutzen, keine Reißverschlüsse oder Knöpfe zumachen, meinen künstlichen Darmausgang nicht versorgen, meine Haare nicht selbstständig waschen.

Und so bestieg ich wieder einmal den Krankentransportwagen, um in die Uniklinik gefahren zu werden. Ich ließ den einen Mikrokosmos zurück, meinen Rehaalltag, um wieder in einen anderen Mikrokosmos einzusteigen, vor Augen die gefürchtete Normalstation, die x-fache Operation und die anschließende Immobilität. Wann hörte dieser Albtraum endlich auf? Als wir in den Stadtteil Sülz einfuhren, betrachtete ich melancholisch die Fußgänger*innen und Radfahrer*innen, die zur Arbeit, zur Schule und zur Uni eilten und fühlte mich mal wieder aus allen normalen Kontexten herauskatapultiert. Und während ich durchs Seitenfenster auf die Welt da draußen blickte, konnte ich meine Tränen kaum zurückhalten. Ich nahm den Mikrokosmos überall mit hin, ich war schon wieder in einer passiven Situation, wurde transportiert, konnte nicht mobil sein aus eigenem Antrieb, nicht selbst entscheiden, wo ich hinmöchte, der Ausnahmezustand klebte an mir, befremdete mich und war gleichzeitig mein Alltag geworden:

7.30 Uhr	Aufstehen, Frühstück auf Plastik, Therapien
12.00 Uhr	Mittagessen auf Plastik, Therapien
17.15 Uhr	Abendessen auf Plastik
19.00 Uhr	fix und fertig in einen unruhigen, zerhackten Schlaf fallen ohne richtige Erholung
Nachts	Wunschvorstellung, in der Luft zu schweben, keine Berührung mit dem Boden zu haben, keine Druckstellen durch fehlende Muskelmasse und Körperfett, die Fantasie, dem Unfall-verursacher immer und immer wieder mit der Faust ins Gesicht zu schlagen.

Ich war mit einer älteren Frau auf einem Zimmer, die kaum noch Luft bekam. Immer wieder klingelte sie nach den Pfleger*innen und Ärzt*innen, immer wieder schnappte sie nach Luft. Den ganzen Tag und die Nacht wiederholte Frau Moritz den Satz: »Ich kann nicht mehr, ich kann nicht mehr, ich kann nicht mehr …« oder »Ich krieg keine Luft mehr, ich krieg keine Luft mehr …« Die wechselnden Pfleger*innen und Ärzt*innen ermahnten sie immer wieder ruhig zu atmen, nicht zu reden, durch die Nase einzuatmen. »Schauen Sie mich an, atmen Sie ruhig!« Für ein paar Minuten verschwand die panische Atmung, die Sauerstoffsättigung ging von 65 wieder rauf auf 80 und die Pulsfrequenz verbesserte sich. Doch kaum waren die Pfleger*innen wieder weg, ging es von vorne los. »Ich kann nicht mehr …«

An meinem Einweisungstag konnte ich die verzweifelte und destruktive Stimmung von Frau Moritz gut aushalten. Ich musste mich ja auch nicht so viel im Zimmer aufhalten, sondern konnte mit Matteo die Umgebung erkunden. Das war ein tolles Gefühl, aufrecht, mit Rollator, durch die Uniklinik zu gehen, aus der Senkrechten alles wahrnehmen und erleben zu können und in einer normalen Kleidung. Es zog mich auf die Intensivstation. Ich wollte meinen Pflegern und Pflegerinnen einen Besuch abstatten, ihnen zeigen, das bin ich, so sehe ich normalerweise aus, ich kann stehen und gehen, habe einen eigenen Kleidungsstil, meine Bewegungen, meinen typischen Habitus, meine Stimme, meine Mimik. All das kannten sie ja nicht von mir. Sie kannten mich nur liegend, unbeweglich, mit OP-Hemd und Thrombosestrümpfen, stimmlos, mit vom Liegen zerzausten langen Haaren oder Flechtfrisuren.

Ich hatte vor meinem Unfall nie geflochtene Haare, sondern habe sie meist offen getragen. Ich fühlte mich nie wohl mit diesen Zöpfen, sie passten auch nicht zu mir, ich sah aber ein, dass es beim Liegen vorteilhaft war. Alle identitätsstiftenden Merkmale fielen also auf der Intensivstation weg, all das, was mich äußerlich ausmachte, kannten sie nicht. So waren die Pfleger*innen entsprechend überrascht, mich so zu sehen. Leider waren meine Lieblingspfleger*innen nicht in der Nachmittagsschicht. Ich ließ schöne Grüße für sie da und nahm mir vor wiederzukommen, wenn ich noch einen Schritt weiter sein würde.

Ich schlief trotz nächtlicher häufiger Unterbrechungen durch »Ich kann nicht mehr« und »Ich krieg keine Luft mehr«, durch den diensthabenden Arzt, der von der verzweifelten Nachtschichtpflegerin gerufen worden war, durch Diskussionen Frau Moritz auf die Intensivstation zu verlegen, durch Licht an, Licht aus, durch Telefonate mit der Intensivstation, durch die Geräusche vom Sauerstoffgerät immer wieder ein. Um halb sechs wurde ich von der Nachtschwester geweckt. Ich sollte mich für die OP fertigmachen. Ich dachte, dass mein lückenhafter schlechter Schlaf bestimmt vorteilhaft ist für die Narkose. Also schlüpfte ich in mein OP-Hemd und zog mir unter großer Anstrengung die OP-Strümpfe an, nahm die Beruhigungstablette und los ging es in den OP-Saal, den nächsten Haken unter diesen Mist machen.

Nach der Operation war die Situation auf Station für mich die Hölle, da ich in dem Doppelzimmer mit Frau Moritz nicht zur Ruhe kommen konnte. Es ging ihr immer schlechter, sie hatte Angst zu ersticken, unterschiedliche Maßnahmen wurden diskutiert und verworfen, bis es dann für sie endlich auf die Intensivstation ging. Nun hatte ich Ruhe, konnte mich auf meine eigene, postoperative Situation konzentrieren und meine Genesung fördern, natürlich mit dem Support durch meine Familie.

Durch die Schmerzen, die trotz Schmerzpumpe und Morphiumpflaster sehr präsent waren, durch meine auch sonst nicht vorteilhafte Situation, durch den schlechten Schlaf, aber vor allem durch meine erneute Immobilität und Bettlägerigkeit verzweifelte ich erneut wie Wochen zuvor. Die drei Tage auf der Normalstation waren wieder desaströs. Nach 24 Stunden war ich seelisch so heruntergewirtschaftet, dass ich das Gefühl hatte, ich würde wieder bei null anfangen. Ich fühlte mich alt und ruiniert. Wo waren meine Stärke und zeitweilige Zuversicht geblieben? Ich konnte nur noch ohne Ende weinen.

Die bereits zurückliegenden, angstvollen Grenzerfahrungen mischten sich mit der unerträglichen, aktuellen Situation, ich war nur noch ein Nervenbündel ohne kognitive Steuerung, ich hatte einfach keine Kraft mehr und die Vorstellung breitete sich aus, dass ich damals lieber auf dem Asphalt liegen geblieben wäre, tot, damit ich nichts mehr fühlen müsste, nicht mehr da sein müsste, dieses Leben nicht mehr aushalten müsste. Hätte ich zu diesem Zeitpunkt bereits gewusst, dass das Strafverfahren gegen den Unfallverursacher zwei Jahre nach dem Unfall wegen Geringfügigkeit eingestellt wird, wäre ich vollends zusammengebrochen.

Als ich dir dieses Foto zeigte, hast du dich sehr gefreut und gelacht. Das wiederum hat mich sehr glücklich gemacht, weil du verstanden hattest, dass das ein untypisches Bild war. Und wenn du so etwas Spezifisches als ungewöhnlich einsortierst, konnte dein Gehirn offensichtlich nicht sehr eingeschränkt sein. Das Bild habe ich dir jeden Tag gezeigt, weil es so schön war, dich so freudig zu sehen. Außerdem wussten wir anfangs ja nicht, wie gut du dich erinnern kannst. Wenn du das hier liest, muss es dir fast seltsam vorkommen, weil du ja sicherlich weißt, dass du alles mitbekommen hast. Aber aus unserer Sicht waren diese vielen kleinen Erlebnisse so wertvoll, denn die Ärzte konnten uns zu deinem Gehirnzustand natürlich nicht viel sagen. Das mussten wir selbst testen.

33 Sonderzug

Ich wollte nach meiner Entlassung auf keinen Fall im Krankenwagen von der Uniklinik zurück in die Reha transportiert werden und so entschieden wir, nach einem Zwischenstopp in meiner Nippeser Wohnung, einen Ausflug zur Reha mit der Bahn zu wagen. Ich muss im Nachhinein sehr schmunzeln, wenn ich in meiner Erinnerung das Bild von meiner ersten Fahrt in der S-Bahn heranzoome. Durch meinen eigenen Ausnahmezustand hatte ich nicht registriert, dass sich auch ganz Köln im Ausnahmezustand befand: Es war Karneval! Wir hatten also den denkbar schlechtesten Zeitpunkt für meine erste Therapiefahrt mit der KVB gewählt.

Wir zwängten uns mit meinem sperrigen Rollator in die völlig überfüllte Bahn, wurden von netten, gutgelaunt singenden Indianern, Pinguinen, Kölner Domen, Piraten und rot-weiß-gestreiften Perückenmenschen empfangen und auf einen guten Platz befördert. Es war Karnevalssamstag und die karnevalesken Truppen auf dem Weg zu einem der zahlreichen Veedelszüge. Ich ließ mich durch die Absurdität des Aufeinandertreffens zweier so unterschiedlicher Welten von der guten Laune anstecken und freute mich in diesen bunten Taumel hineingeraten zu sein. Die verrückte Meute schien meinen Ausnahmezustand nicht zu registrieren – und so fühlte ich mich inmitten der Verkleidungsparade gar nicht so unnormal. Im nächsten Jahr wollte ich auch wieder in das leichte, beschwingte, gute Leben eintauchen, so nahm ich mir vor.

34 Gemischtes Doppel II

Nach meiner Rückkehr in die Reha hatte ich eine neue Zimmernachbarin. Josefine trug bei ihrem Fahrradunfall zum Glück einen Helm, sonst wäre sie tot. Der LKW, der ihr die Vorfahrt nahm, hinterließ auf ihrem total zusammengequetschten Helm sein Radprofil. Es ist ein Wunder, dass sie diesen schlimmen Unfall überlebte und heute ein wieder halbwegs normales Leben führen kann trotz Kopf- und Schulterverletzungen. Ich war froh, hatte ich nun eine junge Gesprächs- und Wegbegleiterin, mit der ich herrlich über einige neuro-psychologisch-medizinisch-pflegerische Situationen lästern konnte. Es war schön jemandem guten Morgen sagen zu können, sich auf einen Cappuccino zu verabreden, einen kleinen gemeinsamen Walk im Rehapark zu unternehmen und ein alkoholfreies Bier zu trinken. Wir lachten uns kaputt über die absurde Spaziergangs-Situation, wir beide als schleichende Leichen, sie als quasi Halbblinde mit rasiertem Kopf – was ihr übrigens total gut stand – fing mich humpelnden Vogel mit Rollator und mittlerweile schmutzigen Verbänden am linken Arm beim Straucheln auf und rettete mich vor dem Hinfallen. Wir beide gaben in unseren abgerockten Reha-Outfits mit ausgebeulten Joggingklamotten wohl ein herrliches Bild ab.

Ich musste schwer schlucken, als mein geschätzter Physiotherapeut meiner Zimmernachbarin Josi vorschlug, sich in der Therapie mal wieder auf ein Fahrrad zu wagen. Ich war schon so froh, dass ich mich auf einem Dreirad fortbewegen konnte und hoffte, dass Peer mir das Zweiradfahren auch zutraute. Spürte ich doch, dass ich davon noch weit entfernt war.

Josi hatte andere Verletzungsbaustellen und Themen als ich mit denen sie sich auseinandersetzen musste. Während ich mich jeden Tag verzweifelt wog und immer wieder auf die Digitalanzeige starrte, die sich leider nicht nach oben verändern wollte, musste Josi im Laufe ihrer Rehazeit mehrere sehr unangenehme und bedrohliche Eingriffe am Gehirn überstehen. Ich bewunderte sie wegen ihrer Gelassenheit und Coolness. Auch Josi war völlig schuldlos an dem schweren Unfall, ihr Leben war ebenfalls von einer Sekunde auf die andere ein komplett anderes geworden, auch sie war durch die Unachtsamkeit und Fahrlässigkeit eines Menschen in dieser wochenlang komatösen und existenzbedrohenden sowie existenzverändernden Situation.

35 Perfect day [5]

Mein Gehen entwickelte sich langsam weiter in die richtige Richtung, obwohl mich die Laufübungen ohne Unterstützung durch ein Hilfsmittel noch sehr herausforderten, es war eine wirklich wackelige Angelegenheit und ich machte dabei den Eindruck von Volltrunkenheit. Peer ging in diesen Phasen hinter mir, seine beiden Arme so positioniert, dass er in brenzligen Situationen sofort eingreifen konnte. Ich war nach diesen sehr kurzen Einheiten schweißgebadet.

Mit der Verbesserung meiner Mobilität wurden auch meine starken Medikamente sukzessive verringert. Das Ausschleichen des Fentanyl, welches ich seit meiner Zeit auf der Intensivstation alle drei Tage neu in Pflasterform erhielt, stand kurz bevor. Ich war von 75 µ/h auf mittlerweile 12,5 µ/h runter. Der jeweilige Pflasteraustausch wurde genau dokumentiert und lief in einer bestimmten Reihenfolge ab. Auch die Entsorgung des Pflasters wurde in besonderer Weise gehandhabt. Es durfte nicht im normalen Krankenhausmüll landen, da Drogenabhängige in den Containern danach suchen und die Reste des Wirkstoffes aufbereiten könnten, erklärte man mir.

---

5 „Perfect Day", Lou Reed (Album „Transformer", 1972).

Als die Pflegerin das Pflaster von meinem Hals entfernte und dieses Mal kein Neues aufklebte, fühlte ich mich wieder ein Stück autonomer und unabhängiger.

Ich war nicht davon ausgegangen, dass ich Entzugserscheinungen haben würde, tatsächlich aber ging ich fünf Tage lang seelisch und körperlich durch die Hölle. Als ich in meinem überheizten Zimmer, zusammengerollt in zwei dicke Decken vor innerer Kälte zitterte, pflanzten sich in mir Bilder von Filmen und Dokumentationen über Drogenabhängige und deren Entzug ein. Ich fühlte mich wie ein Junkie auf kaltem Entzug, völlig auf meinen Körper zurückgeworfen. Ich hatte Angstzustände, fühlte mich am Boden zerstört, hatte Todesfantasien, konnte nicht mehr schlafen, mir war dauerübel und ich brach im Kraftraum weinend zusammen mit den Worten: »Ich kann nicht mehr!« Ich konnte mich selbst nicht mehr aufrichten, sondern wurde von meiner Familie gehalten. Das durfte doch nicht wahr sein, schon wieder fühlte ich mich zerstört und lag am Boden. Ich hätte niemals gedacht, dass ich vernünftiger und verantwortlicher Mittelschichtsmensch jemals in meinem Leben einen Entzug würde durchmachen müssen, was für ein Albtraum.

Und der Unfallverursacher, was war mit dem? Warum musste ich so leiden wie ein Tier auf der Schlachtbank und der Unfallverursacher konnte sein Leben ganz normal weiterführen? Was für eine Ungerechtigkeit! Ich fühlte mich von noch nie dagewesenen Aggressionen und Mordfantasien gegen diesen Menschen zerfressen, furchtbar! Ich war nur noch eine nervliche Hülle ohne kognitiven Schutz.

Und die Justiz half mir auch nicht! Wie ich heute weiß, musste sich der Fahrer dieser Höllenmaschine nicht einmal öffentlich vor Gericht verantworten und sich mit seiner Fahrlässigkeit konfrontieren. Das zu erfahren schlug mir zwei Jahre später noch einmal richtig auf meinen nach vielen Operationen zusammengeflickten Bauch. Das erste Mal seit meiner Wiederauferstehung hatte ich keine Kraft und keinen Antrieb für die Physiotherapie. Ich sah keinen Sinn mehr in meinem Leben. Ich wollte einfach nur tot sein.

36 Easy rider

»Ziehen Sie Ihren Mantel an, es geht nach draußen, wir fahren Fahrrad!«

Ich freute mich über diese Aufforderung, fühlte aber gleichzeitig ein Unbehagen. Hatte ich im letzten Zielgespräch zu viel gefordert, war mein Wunsch, die sitzende Perspektive auf einem Zweirad zu haben, nicht einfach nur unrealistisch?

Peer schob das Therapiefahrrad vor den Haupteingang. Ich wunderte mich sehr über das Ausbleiben eines zweiten Therapeuten. Ich hatte mir diese Situation schon mehrfach vorgestellt und immer war ein zweiter Therapeut zugegen, der mich auf dem Fahrrad hielt. Nun gab mir Peer das Therapiefahrrad mit dem tiefen Einstieg. Sofort hatte ich den brennenden Wunsch aufzusteigen. Aber wie sollte ich das mit dem kraftlosen linken Bein schaffen? Mein innerer Monolog startete direkt. Der Wunsch war so übergroß, wieder Fahrrad fahren zu können. »Überlege nicht, habe keine Angst, das wird schon, das hast du alles in deinem motorischen Gedächtnis, du bist vom Pferd gefallen und nun steigst du einfach wieder auf, denk nicht nach!«, so ermunterte ich mich selbst. Ich weiß nicht wie, aber ich stieg auf, mit diesen kraftlosen dünnen Beinen, dem gelähmten Fuß, dem noch nicht verheilten linken Arm, dem künstlichen Darmausgang, dem muskeldurchtrennten Bauch, polytraumatisch versehrt und dennoch mit einem großen Willen versehen Normalität zurückzuerlangen. Ich fuhr los in dem Gefühl gehalten zu werden, Peer fing an neben mir her im winzigen Rehapark zu joggen. Ich genoss dieses unglaubliche Gefühl aus eigenem Antrieb, das Gleichgewicht haltend, auf dem Fahrrad Strecke machen zu können. Ich rief in den Fahrtwind: »Halten Sie mich noch?« Peer erwiderte cool im Lauf-

tempo: »Nur noch pro forma mit dem kleinen Finger!«
Ich war so unendlich glücklich über diesen Satz. »Soll
ich Sie loslassen?«, rief mir Peer zu. »Jaaaa!«, schrie ich
begeistert zurück. Ich wollte einfach nur losgelassen
werden, es aus eigenem Antrieb schaffen, mir Normalität zurückzuerobern. Und ich fuhr und fuhr, Runde um
Runde, allein, selbstständig, ein weiterer Meilenstein
war genommen. Irgendwie gelang mir das Abbremsen
und Anhalten, ich weiß wirklich nicht, wie ich das an-
stellte. Wieder bei Peer angekommen sagte ich ihm, dass
ich es nicht erwartet habe wieder Zweirad fahren und
das Gleichgewicht wahren zu können. Peer antwortete
ganz trocken: »Ich auch nicht!« Wir mussten beide herz-
haft lachen.

Es war Anfang März, der Unfall lag erst fünf Monate zurück und ich totgeweihter, aus dem Nest gefallener
Vogel konnte wieder fliegen.

37 Lass uns rumfahren

Ich hatte weiterhin große Sorge um meine Mobilität. Mir fiel das Fahrradfahren leichter als das Gehen. Jeder Schritt war mühselig und fühlte sich nicht gut an. Die Parese am linken Fuß und das Gefühl im linken Becken bei jeder Bewegung einen Widerstand bezwingen zu müssen, verleideten mir jeden Schritt. Ich war unendlich traurig, weil ich dachte, dass ich niemals wieder würde wandern können. Und so war ich sehr froh über das Auto als Mobilitätserweiterung.

An meinem nächsten Heimwochenende überredete mich Matteo dazu wieder Auto zu fahren. Er aktivierte ein Carsharing-BMW-upti mit Automatik, fuhr mit mir in eine Sackgasse und überließ mir den Fahrersitz. Ich war noch nie mit Automatikgetriebe gefahren, Matteo wies mich aber sehr ruhig und sicher ein und so ließ ich die Bremse los. Ich steuerte das erste Mal seit dieser Scheiße wieder ein Auto. Ein weiteres Stück an Autonomie war zurückerobert. Ich konnte also ein Auto mit Automatikgetriebe fahren. Ich war froh und erleichtert über diese Erfahrung. Seitdem machte sich die Vorstellung in mir breit einen Bulli zu kaufen und damit an meine Wunschorte zu fahren. Ich schmiedete Pläne und das war definitiv ein gutes Zeichen. Das Leben wurde in meiner Vorstellung wieder lebenswerter. Ich wollte einfach nur gut leben.

Meine Rehazeit neigte sich mit Tätigkeiten wie dem Bauen eines Vogelhauses in der Ergotherapie und mit der Planung, dem Einkauf und der Zubereitung von Gerichten im Rahmen der Kochgruppe, dem Trainieren im Kraftraum, kleinen Ausflügen ins Kino oder nach Rösrath dem Ende zu.

Es war Zeit die Station zu verlassen. Mittlerweile war es Frühling geworden. Die Veilchen und Narzissen breiteten sich wie ein Teppich im Rehapark aus. Ich sah diesem Erwachen auf meiner Parkbank sehr gerne zu. Auch ich fühlte mich erwacht.

Wir haben versucht deine Bedürfnisse von den Lippen abzulesen. Da das aber gar nicht so einfach war, gab uns die liebe Pflegerin Kirsten eine Verständigungstabelle, auf der die Fragewörter, einige Satzanfänge und das Alphabet aufgedruckt waren. Das sollte uns bei der Kommunikation helfen, indem du uns per Augenschließen zeigen solltest was du meinst. Du fandest das aber irgendwie total doof. Vielleicht hat dich das auch an Schule erinnert. Jedenfalls hast du dich irgendwie geweigert und so brauchten wir ca. 30 Minuten, eher wir verstanden, dass du deine Brille haben wolltest.

Nun befand ich mich in der dritten Jahreszeit seit dem schrecklichen Unfall. Der Herbst, der Winter und eine Hälfte des Frühlings waren vergangen. Ich empfand ein bisschen Wehmut bei dem Gedanken, dass ich die Jahreszeiten in diesem Jahr nicht richtig hatte erleben können, so viel Zeit war verstrichen im Zustand der Bettfesselung. Ich freute mich, dass der Sommer bevorstand, auch wenn ich wusste, dass ich im Juni eine schwere Operation – es stand die Rückverlegung des künstlichen Darmausgangs an – überstehen musste und mich natürlich kein Sommer am Meer mit Strandspaziergängen und Schwimmen erwartete, sondern die Tagesklinik.

Die Verabschiedung von Josi und den Therapeut*innen war sehr herzlich und ich versprach auf einen Besuch vorbeizukommen, wenn ich wieder einen Schritt weiter sein würde.

Ich war vor Monaten liegend eingeliefert worden und konnte nun am Stock auf meinen eigenen zwei Beinen die Reha verlassen, welch eine Freude. Ich wusste, dass noch ein weiter Weg zurück in den Alltag vor mir lag, ich wollte Normalität im Alltag, und so viel meiner Mobilität, Beweglichkeit, Kraft und Ausdauer zurückerlangen, wie es mir trotz Nervenschädigungen am linken Becken möglich sein würde. Ich wollte weiterkämpfen.

Und so stieg ich das letzte Mal in einen Krankentransportwagen. Dieses Mal konnte ich vorne einsteigen und mich auf den Beifahrersitz setzen, eine vollkommen andere Perspektive als bei der letzten Krankenfahrt. Es ging nicht direkt nach Hause, sondern noch einmal zur Kontrolle des Arms und des Beckens in die Unfallchirurgie der Uniklinik.

Mit dem Wissen um meine anschließende Freiheit freute ich mich darauf die Uniklinik zu betreten. Als ich auf dem Platz vor der Eingangshalle stand, musste ich an meinen ersten Ausflug im Bett nach draußen denken. Vor meinem geistigen Auge betrachte ich das eingeklebte Foto aus dem Tagebuch meiner Schwester, ich sehe mich dort unbeweglich liegen mit meiner schönen gelbgemusterten Wolldecke, die ich kurz vor dem Unfall zum 40. Geburtstag geschenkt bekommen hatte. Die Uniklinik ist für mich ein Ort mit sehr vielen Erinnerungen geworden und ich war aufgrund von mehreren anschließenden Operationen und diverser Diagnostik noch unzählige Male dort.

Ein wenig enttäuscht war ich, als nicht mein Oberarztgott das Behandlungszimmer betrat, sondern ein anderer Arzt, der mir aber bekannt vorkam. Herr Dr. Sebastian begutachtete meinen Arm und stellte ein paar Fragen. Er konnte es kaum glauben, als ihm bewusst wurde, dass ich es war, die vor ihm stand. Es stellte sich im Gespräch tatsächlich heraus, dass er mich vom Unfalltag her kannte. »Ich kenne Sie aus dem Schockraum.« Ein weiteres Puzzleteil fügte sich zusammen. Ich war also nach meiner Notfalleinlieferung in einem sogenannten Schockraum von Herrn Dr. Sebastian, meinem Oberarztgott und diversen anderen Ärzt*innen empfangen und von oben bis unten durchgescannt worden. Herr Dr. Sebastian sagte, dass er diesen Tag niemals vergessen könne, so dramatisch und angespannt sei die gesamte Situation gewesen. Ich habe gesehen und gespürt wie sich dieser junge Arzt freute und seinen Beruf in diesem Moment ganz besonders liebte.

Der Ellbogenspezialist Professor M. und sein Team hatten großartige Arbeit gemacht und die hochkomplizierten Brüche am linken Arm mit drei Platten und ca. 20 Schrauben so gut versorgt, dass ich ihn nun, Jahre später, fast ohne Einschränkung bewegen kann. Auch wenn ich lange mit der Traurigkeit leben musste, dass ich keine Gitarre mehr werde spielen können, war ich einfach nur froh an diesen Ellbogenspezialisten geraten zu sein. Seine Student*innen werden sich über die diversen kleinen Erfolgsvideos freuen, in denen ich gerne mitwirkte zur Anschaulichkeit und für die Wissenschaft.

Und dann setzte ich mich mit Matteo das letzte Mal in einen Krankentransportwagen. Bevor wir in Nippes einfuhren passierten wir die Unfallstelle, diese verfluchte Verkehrsinsel, auf der ich knapp sieben Monate zuvor unglücklicherweise gestanden hatte. Glücklicherweise war Matteo damals nichts passiert. Ich hatte nun einen

Teil meines Lebens zurück, würde aber noch sehr viel physische, seelische, emotionale und kognitive Kraft aufbringen müssen, um mir meine vertraute Welt zurückzuholen.

39 Neuer Morgen II

In den ersten Wochen meiner neuen Freiheit wachte ich nachts häufig auf, wie in den Wochen meiner Intensivstationszeit und wartete auf den neuen Tag. Ich konnte das Anbrechen der morgendlichen Dämmerung kaum abwarten. Ich freute mich wie ein Kind, wenn der neue Tag losging, als wäre es der erste in meinem Leben. Ich fühlte eine so große Lust auf das Leben, einen hohen Antrieb und ein Glücksgefühl von innen heraus, eine unbändige seelische Vitalität und ein Bedürfnis nach Aktivität, die ich körperlich noch lange nicht erreicht hatte. Würde ich mir dieses Gefühl bewahren können, auch wenn ich meinen Alltag zurückhatte? Würde ich es schaffen, nicht in das postmoderne Hamsterrad mit Zeitverknappung und Stressbewältigungssabbaticalaussteigergedanken hineinzugeraten? Aber an diesem Punkt war ich noch lange nicht. Mein neuer, nachstationärer Alltag war das

Gegenteil von postmoderner Komplexität, Beschleunigung und Simultaneität.

Langsamkeit + Geduld × Gelassenheit zum Quadrat = Schritt für Schritt + zwei zurück × eins nach dem anderen – mit dieser einfachen Gleichung war das folgende halbe Jahr gut beschrieben.

Die Ostertage, quasi mein erster Kurzurlaub seit dem schrecklichen Unfall, verbrachte ich in meiner niedersächsischen Heimat auf dem Land. Wenn ich heute das schöne Foto, welches in der Betriebsamkeit des Kölner Hauptbahnhofs entstand, im Tagebuch anschaue, erblicke ich einen strahlend in die Kamera blickenden dünnen Strich mit einem roten Treckinggehstock, auf den ich noch ein paar Wochen angewiesen sein würde, der künstliche Darmausgang für die anderen Menschen nicht zu erahnen. Das Laufen fiel mir noch sehr schwer, und ich war bis dato höchstens 500 Meter langsam am Stück mit Pausen geschlichen. Das Abenteuer war also ersichtlich.

Auf meiner ersten Fahrt mit der DB musste ich abermals gemischte Gefühle verarbeiten. Mein Aktionsradius hatte sich enorm vergrößert, gleichzeitig wurde ich konfrontiert mit Herausforderungen wie dem permanenten Ausweichen vor den vorbeieilenden oder entgegenkommenden Menschen, dem Fahren auf einer Rolltreppe während sich die Menschen an mir vorbeidrängten, dem Erklimmen der hohen und engen Stufen in den Zug. Ich konnte mich aufgrund der Lähmung nicht beeilen bzw. zügig von der Stelle bewegen, auch wenn man mir diese Fähigkeit von außen aufgrund meines Alters und meiner sportlichen Figur wohl zuschrieb.

Ich musste meinen Alltag nun mit Einschränkungen planen und stieß dabei auf unzählige Barrieren, die ich irgendwie bewältigen musste. Beim Einkaufen fiel mir durch die fehlende Beweglichkeit des linken Arms das Geld aus der offenen Hand, das Einsammeln der Münzen war mühselig durch die erschwerte Koordination der Finger, es war mir anfänglich nicht möglich meine Tasche, das Portemonnaie und den Gehstock an der Kasse zu koordinieren. Durch die fehlende Handkraft konnte ich keine schweren Waren aus den Regalen nehmen, aufgrund der Instabilität meiner gesamten linken Seite konnte ich in den ersten Monaten in Freiheit keine Taschen bzw. Rucksäcke tragen, kurzum, ich war noch voll auf die lebenspraktische Hilfe meiner Familie angewiesen.

40 Rehaalltag

Ich wurde nun jeden Tag von einer schwarzen Limousine mit verdunkelten Fenstern abgeholt und zur Tagesklinik gefahren. Ein sehr ungewöhnliches und mich zum Schmunzeln bringendes Setting, von einem privaten Taxiunternehmen mit einer elitären Autoflotte in die Tagesklinik chauffiert zu werden. Im Inneren wurde ich höflich empfangen von anzugtragenden Fahrern, die türkische Musik abspielten, sowie meinen älteren Mitpatient*innen, die überwiegend einen Schlaganfall erlitten hatten. Wenn ich aus dem Fenster blickte beobachtete ich die »normalen« Menschen mit ihrer unauffälligen Fußhebung und Beckenbewegung und fühlte mich immer noch als Außerirdische. Die Tagesreha war für mich aber ein deutlich größerer Schritt nach Außen in die Normalität, die Patient*innen waren längst nicht so schwer betroffen wie in der Frühreha. Ich hatte nun einen anderen und nicht so depressiven Kontext, die meisten waren selbstständig und transportfähig, aber in einem ganz anderen Lebensabschnitt als ich.

Ich trainierte jeden Tag im Kraftraum, wurde angeleitet für Übungen auf dem kleinen Trampolin, der dicken Matte und dem Fahrrad. Ich freute mich riesig, als ich das erste Mal auf das Laufband durfte. Das Laufband im Kraftraum der Frühreha hatte ich immer mit einer großen Traurigkeit wahrgenommen. Ich war so weit davon entfernt gewesen, darauf gehen zu können. Und nun konnte ich mit einem eingestellten Tempo von 1,2 km/h mit Festhalten voranschreiten, mich dabei im Spiegel beobachten, mich laufend wahrnehmen, wenngleich mit einem sehr kritischen und unzufriedenen Blick auf meine Fußhebung und Beckenbewegung. Meine Füße hinterließen beim Auftreten auf dem Laufbandbelag arhythmische Geräusche, aber immerhin traute man mir das Gehen auf dem Laufband zu.

Und leider wurde ich auch in der Tagesreha mit der Neuropsychologie konfrontiert. Ich hatte überhaupt keine Lust, an den Angeboten teilzunehmen, musste aber in den sauren Apfel beißen. Und so saß ich als einzige nicht ergraute Person in einem Vortrag über die Früherkennung und Vermeidung von Schlaganfällen. Ich fühlte mich so deplatziert. Meine einzige Frage, ob durch die peripheren Nervenschädigungen und der damit verbundenen Muskelatrophie die entsprechenden Hirnareale verkümmern, da nicht ausreichend Signale ankommen, konnte der nette, junge Neuropsychologe leider nicht beantworten. Und so blieb ich allein mit der Wut, dass ich unverschuldet einen irrsinnigen Unfall erlitten hatte, keine Lust auf Schlaganfalltalk hatte und mich seit meiner Kindheit gut ernähre, mich natürlicherweise viel bewege, keinen Bluthochdruck habe und völlig gesund bin. Der Kranke und Verrückte ist verdammt noch mal der Typ, der diese verrottete und verrostete Höllenmaschine vor genau sechseinhalb Monaten über die Innere Kanalstraße befördert hatte!

Das durfte einfach nicht wahr sein. Wie konnte das passieren? Warum sitze ich hier? Warum muss ich diesen Mist aushalten? Immer wieder gingen meine Gedanken zurück, hielten mich in emotional dunklen Momenten fest im Griff, ließen mich erschaudern und eine unbändige Wut und Verzweiflung über die Ungerechtigkeit meines Rausgerissenseins aus der Normalität fühlen.

Wenn ich mit meinem gesunden Menschenverstand die Fotos von diesem dreckigen, alten, verwitterten, am Ampelmast zerschellten Wohnanhänger betrachtete, kam ich zu dem eindeutigen Schluss, dass ich selbst dieses Fahrzeug niemals auf einer öffentlichen Straße befördert hätte. Was ist das für ein Mensch, der so gedankenverloren, leichtsinnig und dumm handelt.

Im Sachverständigengutachten ist zu lesen:

» ... hätte (...) jedoch auffallen müssen, dass sich der Führungsbolzen am vorderen Anschlag und somit im Bereich der Verschleißgrenze befindet. Im Hinblick auf die vom UB 01 bei der Unfallaufnahme abgegebenen Äußerungen, nach der dieser einen Anhängerverleih gehabt habe und momentan einen Lkw-Abschleppdienst betreibe, kann eine solche Kenntnis unterstellt werden. Weiterhin hätten bei dem angegebenen, mehrmaligen Rütteln zwischen Kugelkopf und Deichsel vorherrschendes Spiel und ggf. auch das Achsialspiel der Auflaufbremseinrichtung und somit der Verschleißgrad festgestellt werden können.«

Und so fand ich mich mit den neuropsychologischen Übungen schon wieder in einer Situation, die nicht für mich passte, in die ich ohne den Unfall niemals hineingeraten wäre. Ich musste ganz dumpf dämliche Arbeitsblätter bearbeiten und dabei Namen in die richtige alphabetische Reihenfolge bringen oder Bestelltabellen mit dem Taschenrechner anfertigen. Ich bin doch Lehrerin an einer inklusiven Grundschule, also weit von einem schnöden, redundanten Arbeitsblattunterricht entfernt! Ich denke eigentlich über didaktische und methodische Fragen nach, plane einen interessanten, motivierenden und handlungsorientierten Unterricht, vergegenwärtige mir die Kinder und überlege kritisch, ob für alle Schüler ein Anknüpfen und Eintauchen möglich ist, bereite mit meinem Team schwierige Elterngespräche vor, tausche mich mit ihnen über herausforderndes Schülerverhalten aus – und doch, immer wieder: »Das kann doch nicht wahr sein, wo bin ich hier hineingeraten, dieses Wohnanhängerschwein!«

Am nächsten Morgen war wieder Gustav dein Pfleger. Mit ihm waren wir immer alle sehr zufrieden, weil er sehr aufmerksam war und zudem etwas Leben in dein Zimmer brachte. Du solltest die Haare gewaschen bekommen und ich fragte, ob ich ihm helfen könne. Natürlich konnte ich. Während ich dir die Haare wusch, hörten wir deine Bowie-CD, zu der du etwas mit dem Kopf mitgegrooved hast. Ich habe dann noch eine Spülung in dein Haar gegeben, die Haare gekämmt, geföhnt und dir einen Zopf geflochten, damit die Haare nicht zu sehr verknoten. Das Foto siehst du auf der nächsten Seite. Ich habe den Zopf für dich fotografiert, damit du sehen konntest, dass es deinen Haaren gut geht.

41 Elektronische Fußfessel

Ich hatte im Zielgespräch zu Beginn meiner Zeit in der Tagesklinik angegeben, dass ich wieder eine Stunde am Stück in einem Tempo von 6 km/h gehen können möchte, wohl wissend, dass ich dieses Ziel nur schwerlich erreichen kann. Trotzdem war dies mein persönliches, aber natürlich nicht realistisches Projekt. Ich wollte wieder ausgiebig spazieren gehen können ohne Belastungsschmerzen auf der schwächeren Körperseite, vielleicht eines Tages wieder wandern können, auch in etwas unwegsamerem Gelände. Als Unterstützung für meine fehlende Fußhebung wurde ich nach einigen Wochen mit einer »walk on flex« versorgt, einer Peroneusschiene aus Carbon, die mechanisch beim Auftritt die Fußhebung ermöglicht. Ich stand auf Kriegsfuß mit diesem Monstrum an Schiene, welche mit einer breiten, gepolsterten Manschette an meinem Schienbein fixiert wurde und unübersehbar war. Ich konnte sie nur in festen und geschlossenen Schuhen tragen und unter fast keiner Hose verbergen. Außerdem war es mittlerweile Frühsommer geworden und ich wollte natürlich kurze und luftige Kleidung tragen wie in meinen letzten Lebensjahrzehnten auch. Da ich davon ausging, dass ich für ein relativ angemessenes Bewegungs- und Belastungsmuster beim Gehen mein restliches Leben auf meine »walk on flex« angewiesen sein würde, versuchte ich, sie zu mögen und in mein Leben zu integrieren. Und so kombinierte ich meine hightech Carbonschiene zusammen mit meinen Sambas und luftigen Kleidern und kurzen Hosen. Ich versuchte erst gar nicht, meine Gehhilfe zu verstecken, nahm aber natürlich die Blicke der Menschen wahr. Die offenen und auch verstohlenen Blicke konnte ich aufmerksamkeitsökonomisch gut verstehen und sogar nachvollziehen, über Tipps von Leuten in einem charmanten, kölschen Dialekt »Oh, sind Se umjegnickt, da müssen Se Franzbranntwein draufschmiern, dat hilft«, musste ich sehr schmunzeln und ich freute mich über die Bagatellisierung meiner schrecklichen Geschichte. Von außen sah man mir also nicht an, dass ich mich als Außerirdische fühlte.

In der ersten Zeit war es für mich sehr verletzend, wenn Menschen meine Gehhilfe mit einer elektronischen Fußfessel verglichen. Mit viel innerer Kraft ging ich im Sommerkleid über den Markt in Nippes und hörte im Vorbeigehen, wie eine alte Frau zu ihrer Begleitung sagt: »Schau mal, die junge Frau mit ihrer elektronischen Fußfessel!« Oder ein anderer Mann zu seinem Enkel: »Guck mal, die Frau kommt aus dem Zuchthaus!« Ich hatte zu diesem Zeitpunkt noch nicht die emotionale Distanz zu meinen schrecklichen Erlebnissen und konnte für diese Vergleiche keinen Humor aufbringen. Ich befand mich im öffentlichen Raum und konnte meine Tränen nicht zurückhalten. Ich weinte in mich hinein, die Tränen rannen über meine Wangen, auch als ich schon längst in der U-Bahn saß. Auch heute empfinde ich solche Kommentare einfach nur als dumm und holzköpfig.

Ich kämpfte Tag um Tag, trainierte meine Muskeln, Sehnen und Faszien, hielt meine Nerven bei Laune, bewältigte die unzähligen Arzt,- Krankenhaus- und Heilmittelrechnungen, die täglich durch meine beamtenbedingte Privatkrankenversicherung in Unmengen in meinem Postkasten einflatterten, kommunizierte mit meinem Rechtsanwalt und meinem Rehaberater, nahm

Termine bei zahlreichen Ärzt*innen wahr, recherchierte im Netz Sucheingaben wie »Peroneuslähmung«, »Plexusschaden«, »Rücklegung anus praeter«, »Selbsthilfegruppe Unfall«, »Paralympics«, »Rehaeinrichtung für Menschen mit Polytrauma«, »Samuel Koch«, »Kira Grünberg«, setzte mich mit unterschiedlichen Sanitätshäusern auseinander, holte Kostenvoranschläge unterschiedlicher orthopädischer Schuhmachereien ein, verabreichte mir häusliche Stromtherapien, lag täglich dreimal auf meiner Magnetresonanzmatte, bereitete die nächste Operation vor. Neben dem Training in der Reha musste ich mein Gesundheitsmanagement verwalten. Noch lange nicht hatte ich meinen normalen Alltag zurück. Dies würde noch mehr als ein Jahr dauern.

42 Erneuter Stillstand

Mit gemischten Gefühlen musste ich mich auf die nächste wichtige Operation vorbereiten, die Zurücklegung meines künstlichen Darmausgangs. Ich hatte einerseits ein schlechtes Gefühl, meine Mobilitätserweiterung zu unterbrechen, auf der anderen Seite freute ich mich darauf, meinen künstlichen Darmausgang los zu werden und mich wieder etwas normaler und unbeschwerter zu fühlen. Ich stellte mir vor, sorglos ins Schwimmbad und in die Sauna gehen zu können. In der Frühreha war ich bereits ein paar Mal im Schwimmbad gewesen, den künstlichen Darmausgang geschützt durch einen Badegürtel, aber ich fühlte mich damit nicht sicher.

Und so checkte ich einen Tag vor der geplanten großen Bauchoperation abermals in der Uniklinik ein und bezog dieses Mal ein Einzelzimmer im 18. Stock mit eigenem Bad – wie wunderbar. Ich musste ein paar sehr unangenehme Untersuchungen über mich ergehen lassen und hörte leider auch von der 50 %-Wahrscheinlichkeit, erneut mit einem künstlichen Darmausgang aus der Narkose zu erwachen. Erst während der Operation würden die Ärzt*innen sehen und entscheiden in welchem Zustand sich mein Darm und mein gesamter Bauch befänden. Unter Umständen müsste man abermals meinen Darm für ein paar Monate zur Entlastung ausleiten. Meine Stimmung war entsprechend negativ. Mir stand also eine große Operation bevor ohne die Garantie, dass ich danach diesen Beutel am Bauch los sein würde. Wie ätzend! Und so bekam ich Besuch von der Stomafachfrau, die zur Vorbereitung für den Fall der Fälle mit einem dicken Edding ein weiteres Loch an meiner nun rechten, noch narbenfreien Bauchseite einzeichnete. Als Schablone benutzte sie eine mir seit acht Monaten sehr bekannte Stomaplatte, die ich einen Tag zuvor mitsamt der dazugehörenden Beutel fast alle entsorgt hatte. Was für ein Albtraum.

Als ich am nächsten Tag aus der Narkose erwachte, musste ich nicht einmal nachfragen, ob ich den Beutel nun los sei, denn der mich begleitende Arzt kam meiner Frage zuvor und versicherte mir, dass ich nun keinen künstlichen Darmausgang mehr hatte. Trotz totaler Erschöpfung nach der knapp siebenstündigen Operation und der anschließenden Übelkeit mit Erbrechen fühlte ich mich wahnsinnig glücklich und erleichtert. Mir ging es körperlich nicht gut nach dieser operativen Tortur und ich musste sehr lange im Aufwachraum überwacht werden.

Wieder auf Station angekommen erwartete mich meine Familie. Wir alle waren so froh, dass ich diese schwere Operation gut überstanden hatte und von nun an wieder regenerieren konnte. Ich konnte mir kaum vorstellen, dass mein gesamter Darm ein paar Stunden zuvor außerhalb meines Körpers war, die Verwachsungen weggeschnitten worden waren und mit eine Art Tacker die beiden Darmenden wieder aneinander befestigt worden waren. Die Chirurg*innen waren für mich Götter und Göttinnen in Grün und ich bin ihnen unendlich dankbar.

Ich war erleichtert, dass ich ein Einzelzimmer hatte und nach der Operation die notwendige Ruhe.

Ich fühlte mich gut informiert und betreut durch die Ärzt*innen und Pfleger*innen. Die äußeren Bedingungen waren bei meinem erneuten knapp zweiwöchigen Klinikaufenthalt wirklich gut. Meine Stimmung wurde nur durch meine erneute Immobilität und die Schmerzen getrübt. Das Aufstehen war eine große Qual mit dem Riesenschnitt vom Scham- bis zum Brustbein und der seitlichen Operationsnarbe. Die Baustellen am Bauch waren ja leider nicht die einzigen, sondern mein Fuß, mein Becken und der Arm meldeten sich auch heftiger zurück als zuvor. Es dauerte noch etwas, bis sich mein Darm an die neue Situation gewöhnt hatte. Ich fühlte mich wieder wie ein alter, gebrechlicher und stark eingeschränkter Mensch.

Besonders freute ich mich allerdings über den Besuch von meinem Oberarztunfallchirurgenobergott. Er hatte gehört, dass ich abermals in der Uniklinik sei und besuchte mich in ziviler Kleidung in seinem Bereitschaftsdienst. Als er in mein Zimmer trat war meine schlechte Stimmung sofort aufgelöst, die Sonne ging auf. Herr Dr. Christian F. ist ein Beispiel, dass Fachkompetenz, eine gute und hilfreiche Kommunikation, menschliche Wärme und Anteilnahme des Arztes die besten Voraussetzungen sind, dass es den Patient*innen gut geht und sie genesen. Ich denke auch heute noch gerne an ihn zurück, nicht nur als ärztlicher Lebensretter, sondern als einen interessierten und warmherzigen Menschen, der helfen möchte und helfen kann.

Und wieder einmal kam ich lebend aus der Uniklinik heraus.

43 Raus aus allem

Durch die Darmzurückverlegung wurde meine vorherig mühselig erkämpfte Betriebsamkeit und rehabilitative Aktivität wieder unterbrochen, ich musste mich wieder fügen, anpassen an die Situation der Immobilität und der Dauerübelkeit.

Die Zeit stand wieder still.

Ich war abermals aus allem raus.

Ich wurde wieder eine Beobachterin.

Ich betrachtete das letzte halbe Jahr, Bilder, Vorstellungen und Gefühle zogen vorüber, für die mir die Worte fehlten. Ich hatte mit allen Sinnen erfahren, wie es sich anfühlt wenn die Welt in Trümmern liegt, nichts mehr so ist wie zuvor. Ich wünschte mir so sehr wieder in das normale und gute Leben eintauchen zu können. Dieser unbedingte Wunsch ließ mich die Zeit des erneuten Stillstands gut aushalten. Ich spürte, dass ich meinen Antrieb nicht verlieren würde und weitermachte, wenn ich körperlich dazu wieder in der Lage sein würde. Ich freute mich über die Vorstellung sorglos im Wasser zu sein, mich schwerelos zu fühlen, mich im Wasser fortzubewegen, die Sonne auf den Bauch scheinen zu lassen, am Meer zu liegen, in die Sauna zu gehen. Diesen schönen, nicht selbstverständlichen Lebensbereich hatte ich mir durch die schwere Operation und die Zeit des Stillstands wieder ermöglicht. Ich machte im Geiste einen weiteren Haken unter diese Scheiße, in die ich acht Monate zuvor unfreiwillig geraten war.

44 Weiter geht's

Getrieben von dem Wunsch in einer Stunde sechs Kilometer gehen zu können, nahm ich mein Training in der Reha wieder auf. Durch den großen Schnitt am Bauch durfte ich zunächst viele Übungen nicht machen, die Physiotherapeut*innen mussten mich immer wieder bremsen.

Die behandelnde Neurologin mochte mir meinen nach einiger Zeit gereiften Wunsch, mit dem Fahrrad zur Reha zu fahren, zunächst nicht gestatten, sie fürchtete, dass ich durch einen Radunfall in meinem Therapieerfolg zurückgeworfen würde. Als ich ihr aber deutlich machte, dass ich ja keinen klassischen Radunfall gehabt hatte, sondern dass ich nur zur falschen Zeit am falschen Ort auf einer eigentlich geschützten Zone, einer Verkehrsinsel, gestanden hatte und ich ihr versicherte, dass ich einen Helm tragen würde, erlaubte sie mir meine Anreise mit dem Fahrrad. Ich fühlte mich wieder ein Stück normaler und autonomer, ich fuhr nun täglich mit dem Rad »zur Arbeit«, auch wenn man als Radfahrer*in in Köln ausgesprochen gefährlich unterwegs ist.

Nun lag meine Erfahrung, mich auf der Schwelle zwischen Leben und Tod zu befinden, schon einige Monate zurück und dennoch hatte ich Träume, in welchen ich dieses Gefühl verarbeitete. Ich fand mich bereits auf meiner eigenen kirchlichen Beerdigungsfeier wieder, getarnt durch eine Hochzeit. Die Beerdigungsgesellschaft erstarrt bei meinem Anblick, sollte ich doch eigentlich auf dem Friedhof liegen …

Ich trage eine schwarze Arbeiterhose, einen schwarzen Kapuzenpullover und eine Basecap. Ich komme vom Friedhof, ich habe dort gearbeitet. Ich blicke an mir herunter und sehe meine Hände, die feucht und schwarz sind von der Erde. Eigentlich bin ich auf dem Weg nach Hause, sehe aber, dass ich ganz in der Nähe der Kirche bin in der gerade die Hochzeitsfeier von Antonia und Manuel stattfindet. Obwohl meine Familie gesagt hat, dass ich später einfach zur Hochzeitsfeier kommen solle, was ich ziemlich merkwürdig fand, beschließe ich in die Kirche hineinzugehen. Die Kirche ist voll besetzt mit der Hochzeitsgesellschaft. Es ist dunkel in der Kirche, nur ein paar Kerzen leuchten. Ich gehe den Mittelgang in Richtung Altarraum. Dort findet ein Schauspiel statt von Freunden von dem Brautpaar. Ich weiß, dass sich das nicht gehört, aber ich renne den Rest des Mittelgangs nach vorne. Die Leute in der Kirche stoßen einen Schreckensruf aus, sie erstarren. Das Schauspiel wird abgebrochen. Mir ist dieser Abbruch sehr unangenehm und ich setze mich vorne rechts in die erste Reihe. Das Schauspiel beginnt von vorne. Mein Blick in den Altarraum ist von einer breiten Säule verstellt, nur kurz kann ich das Weiß des Hochzeitskleides erahnen. Immer wieder versuche ich einen Blick auf das Brautpaar zu werfen, aber es gelingt mir nicht.

Trotz derartiger schlimmer nächtlicher Träume, konnte ich am Tag immer mehr an mein bisheriges Leben anknüpfen. Während der Chorproben in meinem Popchor freute ich mich so sehr wieder mitmachen zu können, über einen langen Zeitraum hinweg war die Teilnahme für mich nicht möglich und zu erwarten ge-

wesen. Wenn wir den sehr dynamischen Song »Fame«
sangen, erlebte ich die Songzeile »I wan´t to live fore-
ver« so wahrhaftig und das Bedürfnis nach dem Leben
so stark. Und ich musste zurück denken an die Wochen
auf der Intensivstation.

Ich war glücklich und beobachtete mit einem zufriedenen Gefühl meine Chorfreund*innen, fühlte mich
aber noch sehr lange als Mensch von einem anderen
Planeten. Von außen konnte man mir dieses Gefühl
nicht ansehen. Ich fühlte mich jedoch immer noch als
eine Außerirdische mit Erfahrungen, die man eigentlich
nicht machen sollte auf der Erde.

Nachdem die Operationsnarbe restlos verheilt war,
durfte ich wieder in die Sauna und ins Schwimmbad.
Beim ersten Mal schwimmen spürte ich Freude und
Trauer zugleich. Es fühlte sich gut an im Wasser zu
schweben, aber aufgrund der Parese und der Einschränkung am linken Arm konnte ich mich nicht mehr so
schnell wie früher, wie vor dem Unfall, von der Stelle bewegen. Ich nahm mir vor regelmäßig zum Training meiner gesamten Muskulatur ins Schwimmbad zu gehen.

Wir Patient*innen unterhielten uns beim Mittag-
essen über die Einstufung von Schwerbehinderung. Ich
mochte über dieses Thema nicht gerne nachdenken. Mir
war klar, dass ich einen Schwerbehindertenausweis bekommen würde, hoffte aber auf eine kleine Prozentzahl.
Ein Mitpatient meinte in meine Richtung, dass ich doch
sicher mindestens 80 % bekommen würde. Ich fand die-

sen Kommentar überhaupt nicht charmant und schön. Natürlich war mir klar, dass meine Einschränkung sich nicht durch eine Prozentzahl veränderte, aber es war ein verwirrendes Gefühl, institutionell in meinem Alter als Mensch mit Schwerbehinderung eingestuft zu werden.

Und so verging Woche um Woche. Jeden Tag ging ich eine kleine Runde in meinem Veedel spazieren und versuchte meinen Radius zu vergrößern, ich ging wieder auf Konzerte, auch wenn ich nicht in der Menschenmenge stehen konnte, machte kleine Fahrradtouren am Rhein, ging zu meinen Therapien, verbrachte ein paar schöne Tage an der Nordsee, bewältigte meinen Alltag, der hauptsächlich aus meinem Gesundheitsmanagement bestand.

Und bald war Spätsommer und meine Rehazeit neigte sich dem Ende zu. Ich verließ die Tagesklinik mit dem Willen weiter zu kämpfen, weiter an dem Ziel zu arbeiten sechs Kilometer in der Stunde zu gehen. Bisher konnte ich an guten Tagen höchstens 1,5 Kilometer mit Walking-Stöcken gehen. Ich war aber so froh, dass meine Beckenmuskulatur wieder so gut aufgebaut war, dass ich nicht mehr mit der Hüfte wegknickte. Ich hatte in dem halben Jahr in der ambulanten Reha muskulär viel geschafft, hatte eine große Operation überstanden und mir viele Bereiche aus meinem früheren Leben zurückerobert. Mir ging es gut, als ich an meinem letzten Rehatag mit meinem Fahrrad auf der Neusser Straße in Richtung Nippes sauste.

Abgesehen von dieser Beunruhigung, ging es dir heute ziemlich schlecht. Du bekamst Schüttelfrost, weil das Fieber wieder aufgeflammt war. Du hast vor Verzweiflung angefangen zu weinen, was für uns alle sehr schwer war. Wir haben dir eine weitere Decke geholt und ich habe dich zusätzlich noch bis zu den Ohren mit meiner neuen, langen Strickjacke eingepackt, sodass du zumindest wusstest, dass wir da sind und uns um dich kümmern. Ich habe mich dann mit meinem Kopf zu dir gelegt, was dich zumindest etwas beruhigt hat.

45 Die Er de bebt

Schon seit ein paar Tagen rollte etwas Unheilvolles auf mich zu und erdrückte mich mit seiner wachsenden Schwere. Dieses Unheil lässt sich nicht mehr stoppen und kontrollieren, sondern wird weiterrollen und mir für sehr lange und quälende Zeit den Boden unter meinen Füßen entreißen. Vor meinem inneren Auge tut sich inmitten der Schönheit der Herbstlandschaft ein Abgrund nach dem anderen auf. Ich musste die schöne und heilsame Wärme der Herbstsonne auf meinem Gesicht festhalten, damit sie nicht im dunklen Loch verschwand. Das beruhigende Gefühl beim Blick in den verwachsenen, buntbelaubten Hinterhof meiner Kölner Wohnung möchte ich konservieren und die Tasse Kaffee in meiner Hand am liebsten in Beton gießen. Ich wollte die Kraft in meinen Beinen und im ganzen Rumpf beim Fahrradfahren auskosten und mich berauschen an der vorbeisausenden Landschaft der Neusser Straße in Richtung

Ebertplatz. Ewig innehalten auf der Mülheimer Brücke und den vorbeifahrenden Containerschiffen nachsehen. Morgens wie euphorisiert aufstehen und sich freuen wie ein Kind, dass der Tag endlich losgeht. Nichts ist mehr selbstverständlich, wenn man alles verloren hat. Das Abgründige ist unaufhaltbar, es verändert sich alles in einer Sekunde, lässt mich verzweifeln, taumeln, lässt meinen Atem stocken. Ich wollte doch nur eine kleine Besorgung im Elektromarkt machen und dann wieder nach Hause fahren. Stattdessen bebte vor genau einem Jahr die Erde und zerstörte meine Welt, machte mir das Leben für lange Zeit unmöglich. Alles musste ich mir Schritt für Schritt zurück erobern.

46 Oktober [6]

Ich hatte kaum eine Vorstellung davon, was ein Jahrestag nach einem Unglück, einem Verlust, einem Trauma mit den betroffenen Menschen und deren Angehörigen

6 „Oktober", Bersarin Quartett (Album „Bersarin Quartett", 2008).

macht. Nun kann ich die emotionale Wucht nachvollziehen. Ich erlebte den Frühherbst nach dem Unglück so intensiv, der Jahrestag des Unfalls, der 7. Oktober, rückte finster immer näher und drohte mich zu überrollen. Ich wusste nun in diesem Jahr, was mit mir vor einem Jahr an Tag X passieren würde. Die Welt teilte sich in vorher und nachher.

Den Tag selbst habe ich sehr abwechslungsreich verbracht und es mir ganz bewusst schön gemacht, um das Schreckliche mit etwas Positivem zu überlagern. Abends, auf dem Weg mit dem Fahrrad nach Hause, zog es mich an die Unfallstelle, ungeplant machte ich von der Neusser Straße einen kleinen Schlenker in die Innere Kanalstraße und stellte mich an den Straßenrand, in sicherem Abstand vor dieser vielbefahrenen vierspurigen Straße und beobachtete den Verkehr rund um diese schmale »Verkehrsinsel«, auf die nicht einmal eine Fahrradlänge Platz hat und die keineswegs durch einen etwas höheren Bordstein zumindest etwas Schutz bietet. Vor genau einem Jahr befand ich mich also an diesem Ort und wurde durch einen führerlosen Wohnanhänger auf die Fahrbahn geschleudert und von einem Auto überfahren. Wie kann man diese doppelte Wucht überleben? Ich hatte gehört, dass die grüne Phase der Fußgängerampelschaltung nach meinem fürchterlichen Unfall verlängert wurde. Neidisch registrierte ich einen Rennradfahrer, der nicht auf dieser gefährlichen »Insel«, die definitiv keine ist, stehen blieb, sondern zügig die beiden Fahrbahnen Richtung Neusser Straße passierte. Warum war ich vor einem Jahr geblieben und nicht schnell noch, trotz roter Ampelschaltung, rübergerast? Ich erinnerte mich ganz genau an den Gedanken, der mich damals beschlich, als ich auf diesem winzigen Flecken inmitten des Nachmittagsverkehrs verweilte. »Das ist gar nicht gut, hier zu stehen!« Genau vor einem Jahr setzten die Ärzt*innen ihre gesamte Energie dafür ein, mein Leben zu retten und die multiplen inneren Blutungsstellen zu finden und sie zu verschließen. Ich beobachtete mich dabei, wie ich auf dem kalten Operationstisch lag, in meiner Vorstellung sieht der metallene, robuste Tisch aus wie ein Seziertisch in der Pathologie. Ich wäre wohl in den Keller der Uniklinik geschoben worden, hätten die Ärzt*innen die Blutungen nicht stoppen können.

Matteo erzählte mir einige Zeit nach dem Unfall, ich hätte ihn mit hochgezogenen Augenbrauen von der »Verkehrsinsel«, mit beiden Händen am Lenkrad, über die Straße hinweg angeschaut und die Schultern gezuckt nach dem Motto: »Ich mal wieder, ich Angsthase, bremse lieber ab, als schnell noch mal trotz des roten Ampelmännchen rüber zu huschen ...!« Es hätte ja nur eine Sekunde gedauert. Matteo und ich waren vorher Hand in Hand auf unseren Fahrrädern durch den Park gefahren, ich spüre auch heute noch seine Schubkraft von hinten, mit welcher er mich nach vorne brachte. Ich entschied mich damals leider für die vermeintlich sichere Variante, vor der roten Ampel zu halten. Was für ein folgenreicher Irrtum! Und so musste ich am 7.10.2016 im Schutz der Dunkelheit am Rand der Unfallstelle bitterlich weinen und gleichzeitig war ich froh, dass dort kein weiß angestrichenes Ghost Bike als Mahnmal für mich im Straßenverkehr tödlich verunglückte Fahrradfahrerin stand.

Du warst heute insgesamt sehr unruhig. Du mochtest nicht mehr liegen und dann hat man dich auch immer auf links lagern wollen, deine Schokoladenseite ist aber nun mal rechts. Insgesamt warst du heute sehr frustriert. Dein Kopf war klar und hat erkennen müssen, dass dein Körper noch nicht so kann. Du hast sogar gefragt, ob du aufstehen kannst. Das habe ich von deinen Lippen ablesen können. Da musste ich dir aber leider mittteilen, dass das noch nicht geht und die Krankenschwester hat dir dann erklärt, dass du einen Fixateur externa an der Hüfte hast, der es dir noch nicht ermöglicht, aufzustehen. So richtig einsehen wolltest du das aber nicht.

47 Metallarm

Nachdem ich aus der Tagesreha entlassen worden war, erinnerte ich mich an die Worte von Herrn Dr. Christian F., der mir bereits auf der Intensivstation gesagt hatte, ich müsse mein Leben lang drei- bis viermal pro Woche Sport treiben, um bestimmte Muskelgruppen an der linken Seite zu aktivieren und zu fordern, die durch die Fußlähmung während des Gehens nicht mehr angesprochen würden. Außerdem hatte ich mein Ziel, sechs Kilometer in der Stunde gehen zu können, noch lange nicht erreicht. Und so meldete ich mich in einem Pilates-Studio an, um mich muskulär weiterhin zu stärken und meinem Wunsch so nahe wie möglich zu kommen.

Es stellte sich heraus, dass dieser Sport für mich wunderbar ist, die meisten Übungen wurden im Liegen auf der Matte gemacht und betonten und verstärkten die Mitte, also den Bauch und das Becken, genau meine Baustellen. Und ich war so stolz in einem »normalen« Kontext Sport machen zu können, mit Menschen, die in ihrem Alltag und ihrer Normalität leben, die sich vor oder nach der Arbeit einfach etwas Gutes tun wollen und die kein fundamentales Thema haben mit ihrer Mobilität. Tatsächlich konnte ich viele Übungen mitmachen, auch wenn mich meine Fußlähmung zu jedem Zeitpunkt einschränkte. Ein gelähmter Körperteil bedeutet ja nicht nur die isolierte Unbeweglichkeit an einer Stelle des Körpers, sondern der ganze Körper ist von diesem Funktionsausfall betroffen. Hinzu kommen eine Hypersensibilität und ein permanentes Druckgefühl im Fuß. Mein Eindruck ist, dass an meinem Fuß ein Kilo Zucker hängt und den Fuß ständig nach unten zieht. Das ist ein sehr unangenehmes Gefühl! Erleichterung bringt mir nur meine Nachtlagerungsschiene, die während des Liegens eine 90-Grad-Stellung des Fußes ermöglicht, damit sich die Sehnen und Muskeln nicht verkürzen. Trotzdem wache ich auch heute noch mehrmals in der Nacht wegen starker Muskelkrämpfe auf. Durch die Lähmung der Zehen kann ich auf dem linken Fuß kein Gleichgewicht halten und muss mich auch heute noch im Sitzen an- und ausziehen, um nicht zu fallen. Und so muss die rechte Körperhälfte natürlich mehr übernehmen und ausgleichen, worauf sie tageweise mit Belastungsschmerzen reagiert.

Nach Weihnachten bereitete ich mich auf die nächste bevorstehende Operation vor, die im Februar 2017 stattfinden sollte. Ich konnte meinen Ellbogen und den gesamten Unterarm noch nicht ohne Unbehagen und Schmerzen aufstützen, staken doch einige Knubbel von den zahlreichen Schrauben hervor. Mein linker Arm war vor 1,5 Jahren mit sensationellen 20 Schrauben und drei Platten versorgt worden, wie ich zählend feststellte, als mir Herr Dr. Christian F. die Tüte mit meinem Eigentum aus Titan überreichte! Die längste Platte maß die Länge von meinem Handgelenk bis zum Ellbogen.

Ich dachte eigentlich, dass für mich unkaputtbaren Vogel die Metallentfernungsoperation ein Spaziergang werden würde und ich maß ihr kaum Bedeutung zu. Doch tatsächlich litt ich danach wochenlang an einem angeschwollenen, sehr schmerzhaften Unterarm. Die Knochenhaut fand den Eingriff gar nicht lustig und ich konnte nun in diesem neuen Jahr doch nicht in das Karnevalstreiben eintauchen, wie ich es mir genau ein Jahr zuvor ausgemalt hatte. Außerdem wollte ich den letzten Haken machen unter diesen Mist und wartete ungeduldig meine Genesung ab, um die hoffentlich nächste und letzte Operation am Bauch schnell hinter mich bringen.

48 Bauchgefühl

Eigentlich hatte ich mit meinem Bauch kein großes Thema, na klar, eine Riesenbauchnaht reichte vom Brust- bis zum Schambein, der Bauchnabel war auch nicht mehr an Ort und Stelle und die Narbe verlief alles andere als gerade. So sieht es eben aus, wenn man ungeplant am offenen Bauch operiert wurde, legte ich mir zurecht und hatte im Hinterkopf die Idee mich um eine mögliche kosmetische Verbesserung zu kümmern, sollte ich noch ein paar Schritte weiter sein. Ich war stark von dem Wunsch durchdrungen besser und schneller gehen zu können. Und so suchte ich im Dezember 2017 auf Empfehlung von Herrn Dr. Christian F. einen Chirurgen auf, der Spezialist für eine Muskel- und Sehnenumlegung bei Menschen mit Peroneuslähmung ist. Bei dieser Operation würden Muskeln und Sehnen aus der hinteren Wade nach vorne verlagert und diese würden mit viel physiotherapeutischem Training lernen, die Funktion der Fußhebung zu übernehmen. So die Idee.

Aber Herr Dr. Ehrlichmann interessierte sich erstmal nicht so sehr für meine Fußhebung, die durch meine Carbonschiene ja ermöglicht wurde, er fand die Baustelle Bauch größer. Er diagnostizierte bei mir eine Narbenhernie, das heißt, die Muskeln am Bauch waren voneinander distanziert und mussten wieder zusammengeführt werden. Übersetzt bedeutete dies, dass mein Bauch nicht richtig verschlossen und der Darm nach außen treten könne. Und so plante ich die nächste, nicht vorhergesehene Operation, in welcher meine Bauchmuskeln durch den Einsatz einer Netzplastik vom Scham- bis zum Brustbein wieder verbunden und mein Bauch wieder stabilisiert würden.

In der Zwischenzeit verarbeitete ich diese neue Baustelle in einem Traum.

Ich reibe mich mit einer Brennpaste ein, meine Todes-strafe in einem amerikanischen Gefängnis ist Tod durch Verbrennen. Ich salbe auch meinen Bauch mit der großen Bauchnarbe und die Narben an meiner Hüfte ein. Tags zuvor hatte ich mich bereits mit der Brennpaste ein-gerieben, doch eine Wärterin konnte die Vollstreckung abwenden. Ich schaue auf das bunte Treiben inmitten der Winterluft außerhalb des Stacheldrahts und bin unend-lich traurig. Mir wird klar, dass die Vollstreckung heute nicht mehr abgewendet werden kann. Ich denke, dass durch die Brennpaste nichts mehr von mir übrig sein wird und sehe die schwarze Asche, nicht mal mehr Kno-chen werden von mir übrig sein. Wie schlimm für meine Eltern, wenn sie mich später besuchen kommen und nichts mehr von mir übrig sein wird außer der schwar-zen Asche. Ich rufe: »Please! I want to live! I didn´t murder the old woman. I want to spend my life in this world. Please believe me. I want to spend my life here in this world. It´s not typical for me. I would never murder an old woman! Please!«

Ich freute mich sehr über die Frage von meinem sehr geschätzten plastischen Chirurgen nach der Ope-ration, wie mein Bauchgefühl sei. Ich fragte zurück, ob er mein inneres Gefühl oder mein äußeres Gefühl meine. Er antwortete: »Beides«. Das beglückte mich. Schön, dass dieser Chirurg das Ganzheitliche sieht, ich fühlte mich gut umsorgt und begleitet. Ich hatte nun das Gefühl, dass mein Bauch wieder richtig verschlossen sei und kein Wind mehr hindurchwehen kann. Auch ästhetisch gesehen war die Operation eine Riesenverbesserung, ich konnte meinen Bauch gut wiedererkennen.

49 Brief an die Justiz in Köln

Köln den 9. Oktober 2017

Betreff: Einstellung des Verfahrens mit dem Aktenzeichen 702 Ds 288/16

Sehr geehrter Herr/Frau Richter/in, sehr geehrte Damen und Herren,
ich beziehe mich in diesem persönlichen und offenen Brief an Sie auf die Einstellung des Verfahrens mit dem Aktenzeichen 702 Ds 288/16.

[...] Ich bin die Geschädigte des schrecklichen Verkehrsunfalls vom 7.10.2015, ein Wohnanhänger hatte sich gelöst, prallte führerlos gegen mich, als ich als Radfahrerin auf dem Mittelstreifen auf der Verkehrsinsel auf der Inneren Kanalstraße in Köln auf grünes Ampellicht gewartet hatte, schleuderte mich auf die Fahrbahn, auf welcher mich ein weiteres Auto überrollte.

Ich möchte die schweren multiplen Verletzungen gar nicht erst aufzählen, mit denen ich seitdem zu kämpfen habe. Mein Leben ist seit diesem furchtbaren Unfall nicht mehr dasselbe, es gibt nur noch ein Davor und ein Danach. Ich befand mich in den ersten Wochen nach dem Unfall in einer mehrfach lebensbedrohlichen, danach monatelang in einer existenzbedrohenden und nunmehr in einer existenzverändernden Situation. Vielleicht können Sie sich mein Befinden und meine Ängste zumindest ansatzweise ausmalen?

Ich schreibe Sie heute an, um Ihnen meine Gedanken und Gefühle in Bezug auf die Einstellung des Verfahrens zu vermitteln. Ich als schwer und folgenreich geschädigtes Opfer empfinde es als eine große Ungerechtigkeit, dass sich der Unfallverursacher öffentlich und vor der Justiz nicht mit seiner Tat – seiner Fahrlässigkeit, Nachlässigkeit, Leichtsinnigkeit, Dummheit – konfrontieren und sich erklären und verantworten muss. Ich weiß bis heute nicht, welche Umstände vor genau zwei Jahren dazu führten, dass ich heute eine Schwerbehinderung von 100 Prozent habe und nur mit so viel Glück und Kraft (so auch die verschiedenen Aussagen meiner behandelnden Ärzte) überlebt habe. Ich hatte gehofft, dass ich durch die Gerichtsverhandlung Antworten auf meine Fragen zum Unfall bekomme und einen weiteren, vielleicht sogar den wichtigsten, die schlimmen Erlebnisse der letzten zwei Jahre vorläufig abschließenden Schritt der Verarbeitung gehen kann!

Ich habe erwogen, meine Geschichte und die Gedanken zur Einstellung des Verfahrens dem „Kölner Stadtanzeiger" als Interview anzubieten, um öffentlich zum Beispiel anderen Opfern mit Rat und Mut zur Seite zu stehen und selbst eine Art von Gerechtigkeit erfahren zu können. Ich habe diesen Gedanken aber verworfen, weil ich fürchte, dass die Flüchtigkeit einer Tageszeitung meine Geschichte bagatellisieren könnte und letztlich für mich wenig hilfreich wäre. Ich finde die Vorstellung nicht schön, dass diese Zeitungen schnell im Altpapiercontainer landen. Und so wähle ich nun diese adäquatere Form eines persönlichen und offenen Briefs an Sie als Stellvertreter der Justiz, um meiner Stimme und meinen Gedanken Gehör zu verschaffen, auch wenn dieser Brief letztlich wohl leider nur gestempelt und als gelesen gezeichnet in einer Akte verschwinden wird.

Für mich aber ist dieser Brief an Sie ein Substitut der geplanten und leider verworfenen öffentlichen Anhörung. Ich möchte bei einer offiziellen Stelle anbringen können, dass ich selbst sowie meine engen Angehörigen und Freunde zwei fürchterliche Höllenjahre durchlebt haben mit sehr schweren, aufwendigen Operationen und einer langwierigen Rehabilitation und dass ich aktuell versuche, mich zumindest teilweise wieder in mein Berufs- und Alltagsleben einzugliedern und mir viele lebenswerte Dinge vor dem Unfall zurückzuerobern, gleichwohl natürlich leider weiß, welche Schwierigkeiten physischer und psychischer Art noch insbesondere im Alter auf mich zukommen werden.

Ich hoffe für mich und meine Angehörigen und Freunde, dass ich durch diesen Brief vorläufig abschließen und so etwas wie Gerechtigkeit erfahren kann. Dieses Bild ist für mich tröstlicher, hilfreicher und nachhaltiger als die Flüchtigkeit einer Tageszeitung.

Hochachtungsvoll …

Auf diesen Brief folgte tatsächlich keine Reaktion. Mir ging es sehr schlecht, die fehlende Resonanz schlug mir wieder auf meinen polytraumatisierten Bauch und ich musste mir etwas Neues überlegen, wie ich meiner Stimme, meinen Gedanken Ausdruck verleihen könnte. Und so festigte sich in mir die Idee, mein Manuskript einem Verlag zu geben. Opfer werden nicht gesehen und gehört, nicht ihre Geschichte des Leids und ihre Innensicht. Ein Runder Tisch mit allen Beteiligten würde mir helfen mit Würde abzuschließen. Warum gibt es diese Option nicht für die Opfer? Wollen wir als Gesellschaft einen so würdelosen Umgang mit den Opfern? Was sagt dieser Umgang über den Zustand unserer Gesellschaft aus?

50 Einfach mal sitzen bleiben

Das wünschte ich mir so sehr: Einfach mal sitzen zu bleiben! Das war körperlich noch nicht selbstverständlich, war doch durch die Wucht des Aufpralls meine linke Gesäßhälfte verschoben worden und auf der eigentlichen Sitzfläche fehlte die entsprechende Körperstruktur. Ich war auf eine Polsterung angewiesen und brauchte ein extra dickes Kissen zum Ausgleich meiner Seitneigung nach links. Mein Lieblingswiederherstellungschirurg mit viel Erfahrung in der Unfallchirurgie diagnostizierte ein Décollement, ein Abriss des Bindegewebes. Bis dato war ich davon ausgegangen, dass das »Loch« an meiner linken Seite eine neurologische Ursache hatte und durch die Nervenschädigung die Muskeln unterversorgt seien. Aber nein, auch noch drei Jahre nach dem Unfall erfuhr ich neue Ursachen für Phänomene an meinem Körper und so konnte ich ein weiteres Puzzleteil einfügen.

Ich brauchte nicht lange, um mich für diesen chirurgischen Eingriff zu entscheiden. Nach der erfolgreichen Operation ging es mir mental sehr schlecht, ich nehme an, dass ich eine Retraumatisierung erlitten hatte, ausgelöst durch den operativen Eingriff an meiner geschundenen linken Seite, durch den Krankenhausraum, der erneuten Vollnarkose … Mir wurde bewusst, dass sich mein Körper und mein Geist an die Zeit von vor drei Jahren erinnerten. Ich war extrem dünnhäutig, fühlte mich mit allem überfordert und hatte das Gefühl, ich müsse mindestens für ein Jahr eine Kur machen und jeden Tag 24 Stunden lang mit warmem Balsam beträufelt werden. Auch wenn es einige Komplikationen mit der Wundheilung gab und der erneute Genesungsprozess sehr langwierig war, bin ich heute froh, mich für diese Operation entschieden zu haben. Nun kann ich wieder aufrecht sitzen ohne Schieflage.

Als mein ärztlicher Begleiter Herr Dr. Ehrlichmann in einem unserer Gespräche die Worte »Ihr Lebensthema« fallen ließ, wusste und fühlte ich, dass er damit verdammt Recht hatte. Mein Körper, meine Seele, die Verwaltung des Unfalls ... Das alles hatte ich nicht selbst gewählt, würde aber bis zum Ende meines Lebens damit zu tun haben. Und dabei würde ich einfach mal so gerne nur sitzen bleiben. Aber leider macht sich das ganze Unfallmanagement nicht von allein, ich bin als Betroffene der Agens und muss die Dinge anschieben. Was mir nun nach der letzten Operation vier Jahre nach dem schrecklichen Unfall bevorsteht ist die finanzielle Abwicklung, die Schmerzensgeldforderung, die Schadensregulierung, Dinge, die mich sehr belasten, so sehr, dass ich darüber nicht gerne nachdenke. Nur so viel kann ich sagen: Unter den Bedingungen eines Polytraumas zu altern ist nicht dasselbe wie unbeschadet.

Ich war unfreiwillig aus meinem Leben ausgestiegen, doch es birgt auch Möglichkeiten und Ideen, wenn die Welt in Trümmern liegt und sie eine andere geworden ist.

Ich kam zurück aus dem Krieg und musste mich und die Welt wieder neu aufbauen und ich fragte mich, ob ich nicht nach meiner Rückkehr eine ganz andere Richtung einschlagen sollte? Noch mal studieren, Musik, oder eine Weiterbildung zur Kinder- und Jugendlichenpsychotherapeutin? Warum nicht etwas ganz anderes machen? In eine europäische Hauptstadt ziehen und dort arbeiten und leben? Ich ließ viele Gedanken und Ideen zu, spürte aber, dass ich vieles von meinem Leben sehr mochte, ich wollte nicht mein ganzes Leben ändern, sondern es reichte mir beruflich an ein paar Stellschrauben zu drehen und mich etwas anders auszurichten, weniger zu arbeiten und nun mit einem entschleunigten Blick durchs Leben zu gehen.

Erst heute, sechs Jahre nach dem schrecklichen Unfall, spüre ich mich befreit von dem Ausnahmezustand, er klebt nicht mehr an mir, ich bin nicht mehr gefangen in ihm. Ich habe mich Stück für Stück wieder zusammengesetzt, ich spüre die Heilsamkeit der Zeit, stecke

7 Aus dem Liedtext „Myth", Beach House (Album „Bloom", 2012).

nicht mehr in diesem Albtraum, ich bin nun wieder vollständig, vollumfänglich vorhanden, kann in den Alltag eintauchen.

Ich fühle mich nicht mehr als Außerirdische, aber so wie vorher fühle ich mich auch nicht. Es ist anders, aber nicht schlechter. Ich habe viele Erfahrungen gemacht, wenn ich keine körperlichen Schäden davongetragen hätte, könnte ich mir sagen, das war eine schlimme Zeit, doch ich bin lebend daraus hervorgegangen, habe nun das Privileg mich über kleine Dinge freuen zu können, das Große im Kleinen zu sehen, im Alltag, im Vollzug von Normalität, entschleunigt. Der Preis dafür ist aber sehr hoch, Narben und Einschränkungen, Coilings, der Schrecken nach einem erneuten Krankenhausaufenthalt, nach Vollnarkose, die depressive Zeit, postoperative Depressionen mehrere Wochen lang. Das lässt sich nicht mehr wiedergutmachen, mir wächst kein neuer Bauch, kein neuer Arm und kein neues Bein, sondern ich muss damit umgehen, mich dazu verhalten, eine Position finden, arbeiten und kämpfen. Es macht mich traurig, wenn ich beim Nick-Cave-Konzert spüre, dass ich nicht mehr stehen kann, mich hinsetzen und darauf verzichten muss, in der Menge zu stehen … Es macht mich traurig, wenn ich nicht auftreten kann und zu Hause bleiben muss. Natürlich gibt es Schlimmeres, ich habe keine Querschnittslähmung, trotzdem machen mich solche Situationen und Gefühle traurig. Das taube Gefühl im Fuß ist nicht schön, auch nicht das Schraubstockgefühl am linken Becken, ich fühle die körperliche Einschränkung und gleichzeitig die Freiheit, keine Angst mehr vor dem eigenen Tod zu haben, keine Angst vor dem Ende, obwohl das Leben natürlich viel schöner ist!

Die Welt ist nicht mehr irgendwo anders, sie ist hier und jetzt und bei mir und ich in ihr.

Dann zuckelten wir los. Und zu meinem Erstaunen konntest du allein das Auto besteigen. Ratzi fatzi … Und du saßest auf deinem Sitz. Wir fuhren los und nach wenigen Minuten meintest du, es fühle sich an wie immer und du könntest in dem Moment vergessen in welchem Mist du dich befändest. Dann sahst du einen Krankenwagen und strecktest diesem den Stinkefinger entgegen. Ich wies dich darauf hin, dass der Krankenwagen dir damals sehr geholfen hat und per se auf deiner Seite ist und du lieber dem nächsten Wohnwagen den Stinkefinger zeigen sollst. Du pflichtetest mir bei und tatsächlich, als wir in die Neusser Straße einbogen, erhob sich dein Mittelfinger und ein lautes »Fuck you!« kam aus deinem Mund. Das war eine skurrile, aber irgendwie auch sehr witzige Situation. Zu Hause stand dein Empfangskommando schon bereit und du wurdest im Rollstuhl die Treppe in den ersten Stock hochbugsiert. […] Am Nachmittag machten wir einen langen Spaziergang, um das schöne Wetter auszunutzen. Es war strahlend blauer Himmel und die Sonne schien. Herrlich! Wir genossen den Tag in gewohnter Umgebung.

EPILOG

Auf meinem langen Weg zurück ins Leben habe ich manchmal gedacht, ich kann nicht mehr, ich habe keine Kraft mehr, was wäre eigentlich gewesen, wenn ich auf dem Asphalt liegengeblieben wäre, tot. Ich hätte es doch gar nicht gemerkt, wenn ich aus der Sedierung nicht mehr erwacht wäre. Dann hätte ich die Todesspritze eben direkt bekommen, wäre das so schlimm gewesen? Ich weiß, dass es für mich nicht schlimm gewesen wäre, wenn der Tod so unerwartet eintritt, ich habe ihn ja nicht kommen sehen und er wäre schmerzlos gewesen. Aus heutiger Warte macht mich dieser Gedanke natürlich traurig, vor allem wäre es für meine Familie und Freund*innen schwer zu ertragen gewesen, und darum bin ich natürlich froh, dass die Ärzt*innen und Pfleger*innen so um mein Leben gekämpft haben! Ich habe einen großen Respekt vor der Choreografie im Schock- und Operationssaal.

Bis heute finde ich es allerdings seltsam von MEINEM Unfall zu sprechen. Ein anderer Mensch hat ihn verursacht und es ist nicht einmal zu einem Strafprozess gegen ihn gekommen. Es ist aber tatsächlich MEIN Unfall, ich musste das durchstehen, die Schmerzen, die Gefühle, die Ängste, die Zukunftssorgen, ich muss mit Einschränkungen leben, ich muss mein Gesundheitsmanagement selbst gestalten, meine OPs angehen, immer wieder nach einer weiteren OP aufstehen, wieder loslaufen, meinen Körper kräftigen, meine Seele in unzähligen Stunden stärken, mich bewegen, mich aufrichten, mich wiedereingliedern, mich mit Behörden auseinandersetzen, Informationen an die Ärzt*innen bringen, Entscheidungen für oder gegen eine OP treffen. Natürlich hat der Wohnanhängerfahrer den Unfall nicht absichtlich verursacht, aber für mich wäre es gut gewesen, vor der Justiz abschließen zu können. Und so muss ich immer wieder selbst aktiv werden und Dinge vorantreiben oder beenden. Ich tue das nun mit diesem Buch. Es wird gedruckt werden, für mich, für Menschen, die es lesenswert finden, für Betroffene und Angehörige, vielleicht für Ärzt*innen, Pfleger*innen und Therapeut*innen – es soll die Innensicht eines schwer verunfallten Menschen wiedergeben.

Abspann

Ich befinde mich draußen an Bord eines großen und langen Kahns. Der Boden besteht aus edlen, sehr hochwertigen, glänzenden Vollholzbrettern. Wir fahren in einer Polarlandschaft, das Meer ist zugefroren, wir fahren auf Eis an kleinen Eisbergen vorbei. Es ist ganz still. Ich fühle mich ruhig und wohl. Weiße Polarfüchse springen verspielt mit ihren buschigen und langen Schwänzen umher. Ich denke, es wird Zeit umzukehren, es ist schon spät, wir haben nicht mehr viel Zeit bis der Morgen graut. Ich frage mich, wo der Kapitän ist. Er ist nirgends zu sehen. Ich denke, dass ich das Umkehrmanöver selbst durchführen muss. Ich drücke auf einen Knopf und spüre und sehe, wie der Kahn bremst und sich mühsam dreht. Der Kahn schwankt dabei sehr stark, aber ich bin sicher, dass er sich wieder gerade ausrichtet. Ich gehe nach unten und suche den Kapitän. Ich höre Stimmen, die sagen, dass wir viel zu früh umgekehrt seien und noch viel mehr Zeit hätten. Wir würden nach Ankunft sofort wieder auslaufen. Mir ist es unangenehm, die Zeit falsch eingeschätzt zu haben. Bald fahren wir einen Fluss entlang, an den Uferseiten erkenne ich Bäume und Wiesen. Ich weiß, dass wir in Dänemark einfahren.

IMPRESSUM

Bibliografische Information der Deutschen Nationalbibliothek
Die Deutsche Nationalbibliothek verzeichnet diese Publikation
in der Deutschen Nationalbibliografie; detaillierte bibliografische Daten sind im Internet über **dnb.dnb.de** abrufbar.

Korrektorat und Lektorat | Ulrike Burgi

Tagebuchaufzeichnungen | Alexandra Olling

Einbandgestaltung | Thomas Bücker

Satz und Layout | Maike Kandziora

Herstellung und Verlag | BoD – Books on Demand, Norderstedt

ISBN: 978-3-7543-4287-9